MEDITANDO COM AS LIÇÕES DO
CURSO EM MILAGRES
SOB A ORIENTAÇÃO DO MESTRE SAINT GERMAIN

Carmen Balhestero

MEDITANDO COM AS LIÇÕES DO
CURSO EM MILAGRES
SOB A ORIENTAÇÃO DO MESTRE SAINT GERMAIN

MADRAS®

© 2016, Madras Editora Ltda.

Editor:
Wagner Veneziani Costa

Produção e Capa:
Equipe Técnica Madras

Revisão:
Arlete Genari
Ana Paula Luccisano

Dados Internacionais de Catalogação na Publicação (CIP)
(Câmara Brasileira do Livro, SP, Brasil)

Balhestero, Carmen
Meditando com as lições do curso em milagres :
sob a orientação do mestre Saint Germain /
Carmen Balhestero. -- 1. ed. -- São Paulo :
Madras, 2016.
ISBN 978-85-370-0995-6

1. Grande Fraternidade Branca 2. Milagres
3. Nova Era (Movimento esotérico) 4. Vida espiritual
(Movimento esotérico) I. Título.
16-01311   CDD-299.93

Índices para catálogo sistemático:
1. Milagres : Grande Fraternidade Branca :
Religiões de natureza universal 299.93

É proibida a reprodução total ou parcial desta obra, de qualquer forma ou por qualquer meio eletrônico, mecânico, inclusive por meio de processos xerográficos, incluindo ainda o uso da internet, sem a permissão expressa da Madras Editora, na pessoa de seu editor (Lei nº 9.610, de 19/2/1998).

Todos os direitos desta edição reservados pela

MADRAS EDITORA LTDA.
Rua Paulo Gonçalves, 88 — Santana
CEP: 02403-020 — São Paulo/SP
Caixa Postal: 12183 — CEP: 02013-970
Tel.: (11) 2281-5555 — Fax: (11) 2959-3090
www.madras.com.br

Índice

Agradecimentos 7
Apresentação 9
Introdução – *por Saint Germain* 11
Introdução – *por Sananda* 13
Sobre o livro *Um Curso em Milagres* 15
Janeiro 17
Fevereiro 27
Março 39
Abril 51
Maio 61
Junho 73
Julho 83
Agosto 95
Setembro 107
Outubro 119
Novembro 131
Dezembro 142
Lições Finais – Introdução 154
Epílogo 157

Agradecimentos

Agradeço:
Ao Poder Supremo de Deus-Pai-Mãe e a todos os Mestres da Fraternidade Branca Universal, principalmente ao Bem-Amado Mestre Saint Germain, Pena Branca, Mãe Maria e Mestre Jesus pela oportunidade de servir à Luz nestes momentos de Transformação Planetária.

À minha família terrena, meus pais, André e Genny, minhas irmãs Vera e Cláudia, meus cunhados Alexander e Neto, e minha estrelinha Nicole, pelo incentivo e apoio incondicional ao longo destes anos de trabalho na PAX.

Ao Clêudio Bueno, pelo companheirismo e paciência.

Aos meus animais de Poder, companheiros de jornada em nossa Mãe Terra, meus huskies Aloha, Merlin, Star e Órion, que já estão nos planos de Luz, e Sírius, que, ao meu lado, trazem a leveza e a pureza do reino animal por meio do Amor Incondicional, inspirando-me todos os dias.

Ao meu editor, Wagner Veneziani Costa, por sempre apoiar os nossos trabalhos e em tempo recorde aceitar publicar este livro para que juntos possamos continuar crescendo como seres Humanos Crísticos, seguindo as diretrizes do Mestre Saint Germain e do Bem-Amado Mestre Jesus Sananda – Wagner, que o Poder Supremo de Deus-Pai-Mãe, O Grande Arquiteto dos Universos e de todos os Mestres da Luz, continue iluminando sua Vida com saúde, amor, felicidade, abundância e muitas realizações.

À Sandra Scapin, por sua competência e leveza que agiliza todo o processo da criação de um livro nas Bênçãos do Plano Espiritual de forma clara, objetiva e rápida.

A Você, que escolheu ler este livro; é o seu momento de encontrar e de criar uma nova Vida centrada nos preceitos do Mestre Jesus. Que possamos Criar Milagres e Viver em Estado de Graça eternamente, criando assim a PAZ PLANETÁRIA.

Apresentação

Queridos Amigos:

É com Amor e Gratidão que compartilhamos estas mensagens diárias de 1º de janeiro a 31 de dezembro, para que, centrados nos preceitos do Curso em Milagres, possamos fazer melhores escolhas a cada dia, tornando-nos melhores seres humanos e manifestando assim a FELICIDADE em nossas Vidas agora.

O ano de 2015 marcou os 50 anos em que a americana Hellen Schuman começou a receber as lições do Curso em Milagres. Eu ministro esse curso na PAX e no Brasil há 20 anos, e a Madras Editora já publicou dois livros na energia do Curso: *Milagres São Naturais, Manifeste o Seu* e *Milagres à Luz do Espírito Aloha*. E a novidade desde o início de 2015 é o grupo do Curso em Milagres, no Facebook (Um Curso em Milagres – Carmen Balhestero), no qual todas as pessoas que já fizeram o Curso em Milagres na PAX, bem como as iniciantes nesse trabalho, estão se encontrando e interagindo para trocar experiências e se apoiar para a vivência das lições. Entre, cadastre-se e participe desse fórum de experiências em Milagres.

Este é um livro que muda a vida de muitas pessoas que entram em contato com o seu conteúdo e energia, pois são lições atuais do Bem-Amado Mestre Jesus que mostram como olhar a Vida sob nova perspectiva, reconstruindo nossos novos alicerces para que possamos escolher melhores caminhos rumo à Felicidade, à Abundância e à Realização.

Seguem aqui MEDITAÇÕES DIÁRIAS para cada dia do ano, com mensagens do Mestre Jesus e explicações do Mestre Saint Germain. São diretrizes que nos auxiliam a tirar as travas da mente e do coração para, mais uma vez, caminhar livres dos limites, sentindo o poder da leveza em criar novas perspectivas e direcionamentos a cada dia.

Dias Iluminados com muitas Bênçãos, Saúde, Amor, Abundância e Realizações,
PAX & Luz,
Eu Sou,
Carmen Balhestero

Introdução — *por Saint Germain*

"Amados Filhos:

Por meio da percepção, tendes a oportunidade de redirecionar vossos pensamentos e reescolher novos caminhos, criando assim novas realidades em vossas Vidas agora. É chegado o momento de a humanidade atingir a Ascensão mediante melhores escolhas. Os preceitos do Curso em Milagres trazem à tona conceitos enraizados em vossas mentes conscientes que precisam ser transmutados, pois não condizem com este novo Tempo de Cocriações e Vitórias nesta Era da Luz.

Todos os seres encarnados têm a mesma oportunidade de atingir a Iluminação e viver em Paz, mas quando uma massa crítica atinge a frequência de Unidade pela revelação da Onipotência do Plano Perfeito de Deus-Pai-Mãe, todos os seres são convidados a dar um salto rumo à Iluminação, elevando a frequência que ancora os Planos Maiores do Fortalecimento do Amor nos corações adormecidos que redespertam para este novo tempo de mudanças.

Vossas Vidas são reflexos de vossas Crenças. Alicerçados na Verdade e vivendo em Harmonia com vossos corpos, precipitareis este novo tempo de revelações e Unidade. As conquistas das civilizações passadas, bem como os enigmas dos legados tecnológicos, serão desvendados brevemente.

Que possais compreender que vossas mentes são computadores programados para ancorar as bênçãos de bem-aventurança e de cocriação. O livre-arbítrio determina o nível de vossas percepções e a determinação em alicerçar a chama que, pelo princípio de vossas Vidas, reconhece a energia que manifesta somente o Poder de Deus em ação agora.

Que possais exercitar as lições do Curso em Milagres fazendo melhores escolhas e atingindo novos patamares da vossa realização pessoal; nessa sintonia atingireis a vossa Iluminação.

Que possais aceitar as bênçãos, Graças e Milagres que se renovam e mostram novas perspectivas de Amor e Luz a cada instante de vossas Vidas. É chegado o momento da Grande Colheita Individual e Planetária.

Buscai em vossos Corações a Chama da Bem-Aventurança que atrai a oportunidade de reconhecer os princípios das Virtudes Crísticas Sagradas, que trazem à tona a realização de todos os vossos ideais. Abraçai este Tempo de Nova Consciência que precipita a chama da realização material que reflete vosso caminho interno. O respeito mútuo deve ser cultivado e a alegria e a felicidade, exercitadas a cada alvorecer.

Amados Filhos, que o exemplo de vosso bem-amado Mestre Jesus, o Cristo, seja seguido por todos os Seres que buscam o limiar da manifestação de novas realidades plenas de Felicidade e Harmonia, Saúde e Abundância em vossas Vidas Agora.

Amor e Luz,
Eu Sou,
Saint Germain"

Introdução — *por Sananda*

"Amados Irmãos:

Somos partículas vivas de Luz e parte integrante da mesma Fonte da Criação. É chegado o momento de todos os Seres reconhecerem a Origem Divina e ancorarem as energias e novas oportunidades que resplandecem a Perfeição do Amor de Deus em cada ser encarnado, em cada atitude, em cada escolha. Vivenciais hoje o retorno aos Princípios Primordiais da Existência Humana. Pelos vossos corações, exercitareis a chama da Perfeição. Apurando a intuição, estareis mais próximos de vossa Verdade e enxergareis as oportunidades que manifestam o Plano Divino em vós agora. Os preceitos do Curso em Milagres aproximam cada ser encarnado de sua própria Consciência, para que ele reconheça o seu Poder e Valor e aja de acordo com as forças direcionadas pelo Princípio Universal de Equilíbrio e de Unidade Infinita.

O Amor Incondicional é a base da Vida. Certificar-se de que o Amor é o meio pelo qual vivenciais a Chama de uma nova Aurora e a perspectiva de um novo despertar traz à tona a verdadeira mudança interna, que toca a mente e transmuta o que não condiz com estes Novos Tempos de Cocriações.

Que possais silenciar a mente e, no encontro com vosso Eu Divino, fortalecer o caminho da vossa Fé, para que reconheçam a Luz Interna que tudo abrange, emanando as frequências mais puras de Poder Criativo e Fraternidade, e todos os Seres trilharão este novo caminho, fortalecendo o vínculo sublime com o potencial em recriar um Novo Tempo de PAZ.

Que as lições do Curso em Milagres vos conduzam ao aprimoramento de vossas existências. Que, como Seres Crísticos em corpos tridimensionais, possais reerguer o véu que oculta a vossa Face Crística, aceitando que sois Seres Ilimitados, e que o Poder de Deus e do Universo reflitam a grandiosidade maior da Vida por meio da Chama da Perfeição, abençoando e provendo oportunidades de crescimento e de muitas Vitórias ao longo de vossas jornadas individuais e planetária.

Que todos os Seres escolham servir à Luz e manifestar a própria Luz; assim, estareis próximos de vossos corações e da Verdade, reorganizando vossas emoções e acalmando vossas mentes, mergulhando fundo em vossa Verdade e vivendo-A em plenitude a cada momento de vossas evoluções, ressurgindo a cada dia, caminhando certos que Sois o Vosso Caminho e Poder em ação agora por meio de vossas novas escolhas conscientes.

Abri mentes e corações para receber os frutos de vossas energias. Assumi a responsabilidade perante vossas escolhas e permiti que o Poder Supremo de Deus ancore a Chama da Perfeição e da Unidade em vossos corpos e Vidas, a cada instante sagrado de vossas evoluções, onde reside o Verdadeiro MILAGRE da Criação.

Amor e Luz,
EU Sou Sananda em vós"

Sobre o livro *Um Curso em Milagres*

O livro *Um Curso em Milagres*, conhecido nos países de língua inglesa como ACIM (*A Course in Miracles*) e em países de língua portuguesa como UCEM (*Um Curso em Milagres*), comemorou 50 anos em 2015.

Dificilmente se encontra alguém que ainda não tenha ouvido falar em "Curso em Milagres", mas nem todos sabem de que se trata, por isso, vamos a uma breve explicação.

O livro *Um Curso em Milagres* foi canalizado por dois médicos céticos da Universidade de Nova York — Helen Schucman e William Thetford — durante os anos de 1965 e 1972.

No dia 15 de outubro de 1965, Helen começou a escrever o que veio a ser o livro mais significativo nos tempos modernos. Professora de Psicologia e de Medicina na Universidade de Columbia, em Nova York, o livro era a última coisa que ela queria publicar, pois o fato de ter sido escrito por meio de canalização (um processo ao qual ela chamou de "ditado interior") acabaria com sua maravilhosa carreira de brilhante pesquisadora. Além disso, ela era cética. Imagine, então, como deve ter se sentido quando, durante sete anos, o Mestre Jesus ditou-lhe os ensinamentos que mudaram a vida de milhões de pessoas!

O livro *Um Curso em Milagres*, na verdade, consiste em ensinamentos modernos do Mestre Jesus para uma vida melhor no Planeta Terra. É uma obra que tem servido de base para muitos autores na área da espiritualidade (cerca de 700 livros já foram inspirados nela), e suas mensagens apresentam vasta teoria e exercícios práticos centrados em um ponto-chave, que é:

"Mudando o nosso padrão de pensamento modificamos a nossa realidade".

Janeiro[1]

Considerações Iniciais

Optamos por utilizar a tradução das lições que Carmen Balhestero faz, diretamente do Livro de Exercícios, em inglês, quando ministra o Curso em Milagres, na PAX, em vez daquela contida na edição do livro em português, embora, em algumas lições, os textos de ambas as traduções sejam coincidentes.

Lições contidas no livro *Um Curso em Milagres*

1. (1) "Nada do que eu vejo significa alguma coisa."
2. (2) "Eu dei a tudo o que vejo — objetos e situações — todo o sentido que tem para mim."
3. (3) "Eu não compreendo nada do que vejo."
4. (4) "Estes pensamentos não significam nada para mim."
5. (5) "Nunca estou triste pelos motivos que eu penso."
6. (6) "Eu estou triste porque vejo alguma coisa que não está lá."
7. (7) "Eu vejo apenas o passado."
8. (8) "Minha mente está preocupada com pensamentos passados."
9. (9) "Eu não vejo nada como é agora."
10. (10) "Meus pensamentos não significam nada."
11. (11) "Meus pensamentos sem significado me mostram um mundo sem significado."
12. (12) "Eu estou triste porque vejo um mundo sem significado."

---

1. Os números entre parênteses referem-se à numeração das lições no livro *Um Curso em Milagres*.

13. (13) "Um mundo sem significado gera medo."
14. (14) "Deus não criou um mundo sem significado."
15. (15) "Meus pensamentos são imagens que eu criei."
16. (16) "Eu não tenho pensamentos neutros."
17. (17) "Eu não vejo coisas neutras."
18. (18) "Eu não estou sozinho quando experiencio os efeitos do que vejo."
19. (19) "Eu não estou sozinho quando experiencio os efeitos dos meus pensamentos."
20. (20) "Eu estou determinado a ver."
21. (21) "Eu estou determinado a ver coisas de forma diferente."
22. (22) "O que eu vejo é uma forma de vingança."
23. (23) "Eu escapo do mundo que eu vejo desistindo dos pensamentos de ataque."
24. (24) "Eu não percebo os meus maiores interesses."
25. (25) "Eu não sei para que servem as coisas."
26. (26) "Meus pensamentos de ataque atacam a minha invulnerabilidade."
27. (27) "Acima de tudo, eu quero ver."
28. (28) "Acima de tudo, eu quero ver coisas de forma diferente."
29. (29) "Deus está em tudo o que eu vejo."
30. (30) "Deus está em tudo o que eu vejo porque Deus está na minha mente."
31. (31) "Eu não sou uma vítima do mundo que vejo."

Orientações do Mestre Saint Germain
para cada dia do mês de janeiro

1 (1)

"Nada do que eu vejo significa alguma coisa."

．．．．．．．．．．．．．．．．．

"Os olhos mostram apenas o mundo tridimensional. Quando a percepção extrassensorial é ativada, conseguis enxergar com o Terceiro Olho, na Luz da Intuição, que cria a ponte para este momento de Mudanças, e no vislumbre de uma Nova Consciência."

2 (2)

"Eu dei a tudo o que vejo — objetos e situações — todo o sentido que tem para mim."

．．．．．．．．．．．．．．．．．

"De acordo com suas vibrações e bagagem mental e emocional, determinareis o valor e a importância de todas as situações da Vida. É chegado o momento de direcionar a energia existente a novas frequências de Luz."

3 (3)

"Eu não compreendo nada do que vejo."

"A Compreensão está ligada aos ensinamentos oferecidos pela família, pelos relacionamentos e pelas escolas, mas o seu verdadeiro sentido vem da alma, do coração, da essência do amor incondicional nato que, em essência, é perfeito e tudo abrange."

4 (4)

"Estes pensamentos não significam nada para mim."

"Os pensamentos são projeções do inconsciente coletivo e não formas espontâneas de expressão individual. Cada um de vós deveis despertar a fagulha de energia na mente Crística, responsável por criar de forma independente, e não mais se manter envolto na onda energética da massa de pensamentos cotidianos."

5 (5)

"Nunca estou triste pelos motivos que eu penso."

"Os motivos das escolhas do inconsciente coletivo geram conflito, dor e sofrimento. Quando assumis a responsabilidade por ancorar novas frequências de Luz, perspectivas despontam e gerais uma nova realidade individual e coletiva, superando obstáculos passados e escolhendo assumir uma nova atitude perante as escolhas de cada pensamento ou ação."

6 (6)

"Eu estou triste porque vejo alguma coisa que não está lá."

"Os olhos físicos mostram apenas a ilusão do plano tridimensional. É

chegado o momento de determinardes vossa verdadeira escolha pelo caminho Uno do poder intuitivo que vem da alma."

---

7 (7)

"Eu vejo apenas o passado."

....

"O mundo tridimensional é gerado pelas leis do passado e por experiências passadas. Ousai projetar o novo futuro usando criatividade, pois a mente é o berço da nova realidade individual e planetária."

---

8 (8)

"Minha mente está preocupada com pensamentos passados."

....

"A bagagem das formas-pensamento do passado influencia todas as formas de evolução. Expandindo a mente e treinando a percepção para que observe novas direções e caminhos, reencontrareis a chama do propósito da Unidade."

---

9 (9)

"Eu não vejo nada como é agora."

....

"O Ser Real só enxerga na Luz da Verdade. No mundo da ilusão, o ego é responsável pelas máscaras e trapaças criadas. Treinai o silêncio e ali encontrareis todo o Poder do vosso Ser Real."

---

10 (10)

"Meus pensamentos não significam nada."

....

"Pensamentos padronizados no limite e valores do passado não atraem soluções para este momento. Vivenciai o Eterno Agora."

11 (11)

"Meus pensamentos sem significado me mostram um mundo sem significado."

• • • • • • • • • • • • • • • • •

*"O Mundo é o reflexo da projeção de crenças e de formas-
-pensamento. Sem a intenção de fortalecer propósitos, ninguém alcança a Perfeição."*

12 (12)

"Eu estou triste porque vejo um mundo sem significado."

• • • • • • • • • • • • • • • • •

"A maioria dos seres encarnados vibra na frequência do ego, que traz à tona a instabilidade. Ouvindo a pureza da alma, fareis emergir somente boas atitudes e sintonias."

13 (13)

"Um mundo sem significado gera medo."

• • • • • • • • • • • • • • • • •

"A Mente dividida ancora a frequência do medo. Quando ancorardes o Poder do significado das atitudes positivas, a realidade será transformada na Luz da Felicidade."

14 (14)

"Deus não criou um mundo sem significado."

• • • • • • • • • • • • • • • • •

"Todos os reinos — mineral, vegetal, animal e hominal — têm um propósito e, juntos, criam equilíbrio. O Homem é a forma mais evoluída da criação. Ao assumirdes a totalidade do poder individual, criareis a sua forma de expressar a pureza da alma."

15 (15)

"Meus pensamentos são imagens que eu criei."

• • • • • • • • • • • • • • • • •

"Pensamentos são reflexos de formas-pensamento ancoradas nas frequências que determinam um novo tempo."

16 (16)

"Eu não tenho pensamentos neutros."

• • • • • • • • • • • • • • • • •

"Toda energia projetada cria um efeito. Mesmo a imparcialidade é uma forma de reagir à vida. O Pensamento é a forma de expressar a visão que tendes da realidade ao seu redor."

17 (17)

"Eu não vejo coisas neutras."

• • • • • • • • • • • • • • • • •

"Todas as manifestações são projeções da Vontade Divina, plena de Consciência em evolução."

18 (18)

"Eu não estou sozinho quando experiencio os efeitos do que vejo."

• • • • • • • • • • • • • • • • •

"Sois ímãs e atraís aquilo que emanais. A partir do seu pensamento, reencontrareis o reflexo dos pensamentos alheios, por isso a importância de, conscientemente, abraçardes a oportunidade de mudar cada energia mal qualificada, criando assim um novo tempo de Paz. Um único pensamento atinge milhões de seres e gera milhões de outros pensamentos."

19 (19)

"Eu não estou sozinho quando experiencio os efeitos dos meus pensamentos."

• • • • • • • • • • • • • • • • •

"Os sentimentos também abrangem outros seres. Cada energia criada está em ressonância com outra da mesma intensidade. Mudando a frequência de Luz individual, atingireis a totalidade da maestria."

20 (20)

"Eu estou determinado a ver."

- - - - - - - - - - - - - - - -

"Sois livres para escolher mudar. Quando o livre-arbítrio aponta a decisão de fluir em outra sintonia, a Vida reflete a Graça Eterna de Ver com os olhos do Amor Incondicional."

21 (21)

"Eu estou determinado a ver coisas de forma diferente."

- - - - - - - - - - - - - - - -

"Quando uma decisão se apoia na vontade da alma, a mudança verdadeira ocorre."

22 (22)

"O que eu vejo é uma forma de vingança."

- - - - - - - - - - - - - - - -

"O inconsciente coletivo escolhe viver o ego — dor, limite e sofrimento —, o que gera um círculo vicioso. Elevando vossas frequências de Luz a patamares mais altos e mergulhando no Poder da Intuição centrado na alma, não mais caireis nas armadilhas do ego-personalidade."

23 (23)

"Eu escapo do mundo que eu vejo desistindo dos pensamentos de ataque."

- - - - - - - - - - - - - - - -

"Quando, conscientemente, mudardes o padrão da frequência de vosso pensamento, isolareis das formas-pensamento das massas e criareis uma nova alternativa de atrair do éter — do prana sutil — novas cocriações."

24 (24)

"Eu não percebo os meus maiores interesses."

....

"A análise superficial dos fatos não enxerga a essência de cada ser. Buscai a força em vossa alma e reencontrareis todo o Poder da vossa Consciência Crística."

25 (25)

"Eu não sei para que servem as coisas."

....

"O saber verdadeiro vem da alma e não do cérebro. Buscai a conexão exata com a pureza do coração e do amor intuitivo e vossa vida será o resplandecer do mais puro amor em ação."

26 (26)

"Meus pensamentos de ataque atacam a minha invulnerabilidade."

....

"Energias limitadoras aprisionam. Saltando para uma nova frequência, reencontrareis o bálsamo do Poder da Unidade mergulhando na Mente de Deus."

27 (27)

"Acima de tudo, eu quero ver."

....

"Pela visão da alma, enxergareis a Verdade que reflete a essência do vosso Santo Ser Crístico em ação."

28 (28)

"Acima de tudo, eu quero ver coisas de forma diferente."

....

"Mesmo que o mundo apresente situações adversas à Perfeição de Deus, a alma clama por ver e viver a Perfeição."

29 (29)

"Deus está em tudo o que eu vejo."

．．．．．．．．．．．．．．．．．

"A essência Divina respira em cada forma da Criação. Alinhados ao Poder de Deus, todas as formas externas refletem a grandiosidade da Perfeição Divina."

30 (30)

"Deus está em tudo o que eu vejo porque Deus está na minha mente."

．．．．．．．．．．．．．．．．．

"A Centelha Divina é Onipresente. Quando vos harmonizardes com este princípio, atingireis o poder da multidiversidade, que corresponde a ser uno com várias frequências de Luz simultaneamente. Com novos olhos, devereis enxergar Perfeição em Tudo, e a Perfeição será uma realidade em vossas Vidas agora."

31 (31)

"Eu não sou uma vítima do mundo que vejo."

．．．．．．．．．．．．．．．．．

*"A postura de ser vítima da Vida é uma escolha do ego-
-personalidade. As leis ditadas pelas massas geram apego, limite e sofrimento. Erguei-vos, conscientemente, acima do mundo aparente, e deparai com a imensidão da completude de Deus Onipresente, que tudo abrange e cura. Nesta sintonia, manifestareis alegrias, felicidade e Milagres."*

DISSE O MESTRE JESUS:

"Quem passa pelo processo dos Milagres se torna um professor de Deus na Mãe Terra, servindo de exemplo para os outros".

Fevereiro[2]

Considerações Iniciais[3]

As lições do mês de fevereiro correspondem às lições 32 a 59 do livro *Um Curso em Milagres*.

Lições contidas no livro *Um Curso em Milagres*

1. (32) "Eu inventei o mundo que vejo."

2. (33) "Há uma outra forma de ver o mundo."

3. (34) "Eu poderia ver paz em vez disso."

4. (35) "Minha mente é parte da Mente de Deus. Eu Sou Sagrado."

5. (36) "Meu Eu Sagrado envolve tudo o que eu vejo."

6. (37) "Meu Eu Sagrado abençoa o mundo."

7. (38) "Não há nada que meu Eu Sagrado não possa fazer."

8. (39) "Meu Eu Sagrado é a minha salvação."

9. (40) "Eu sou abençoado como um Filho de Deus."

10. (41) "Deus vai comigo aonde quer que eu vá."

11. (42) "Deus é minha força. A visão é Sua dádiva."

---

2. Os números entre parênteses referem-se à numeração das lições no livro *Um Curso em Milagres*.

3. O Bem-Amado Mestre Saint Germain orienta que, em anos bissextos, a lição do dia 28 de fevereiro seja repetida no dia 29.

12. (43) "Deus é minha Fonte. Eu não posso ver separado Dele."
13. (44) "Deus é a Luz na qual eu vejo."
14. (45) "Deus é a Mente com a qual eu penso."
15. (46) "Deus é o Amor no qual eu perdoo."
16. (47) "Deus é a Força na qual eu confio."
17. (48) "Não há nada a temer."
18. (49) "A Voz de Deus fala comigo durante todo o dia."
19. (50) "O Amor de Deus é o meu sustento."

Revisão

20. (51) Revisão das lições praticadas de 1º a 5 de janeiro:
    1. "Nada do que eu vejo significa alguma coisa."
    2. "Eu dei a tudo o que vejo — objetos e situações — todo o sentido que tem para mim."
    3. "Eu não compreendo nada do que vejo."
    4. "Estes pensamentos não significam nada para mim."
    5. "Nunca estou triste pelos motivos que eu penso."
21. (52) Revisão das lições praticadas de 6 a 10 de janeiro:
    6. "Eu estou triste porque vejo alguma coisa que não está lá."
    7. "Eu vejo apenas o passado."
    8. "Minha mente está preocupada com pensamentos passados."
    9. "Eu não vejo nada como é agora."
    10. "Meus pensamentos não significam nada."
22. (53) Revisão das lições praticadas de 11 a 15 de janeiro:
    11. "Meus pensamentos sem significado me mostram um mundo sem significado."
    12. "Eu estou triste porque vejo um mundo sem significado."
    13. "Um mundo sem significado gera medo."
    14. "Deus não criou um mundo sem significado."
    15. "Meus pensamentos são imagens que eu criei."
23. (54) Revisão das lições praticadas de 16 a 20 de janeiro:
    16. "Eu não tenho pensamentos neutros."
    17. "Eu não vejo coisas neutras. "
    18. "Eu não estou sozinho quando experiencio os efeitos do que vejo."

19. "Eu não estou sozinho quando experiencio os efeitos dos meus pensamentos."
20. "Eu estou determinado a ver."

24. (55) Revisão das lições praticadas de 21 a 25 de janeiro:
21. "Eu estou determinado a ver coisas de forma diferente."
22. "O que eu vejo é uma forma de vingança."
23. "Eu escapo do mundo que eu vejo desistindo dos pensamentos de ataque."
24. "Eu não percebo os meus maiores interesses."
25. "Eu não sei para que servem as coisas."

25. (56) Revisão das lições praticadas de 26 a 30 de janeiro:
26. "Meus pensamentos de ataque atacam a minha invulnerabilidade."
27. "Acima de tudo, eu quero ver."
28. "Acima de tudo, eu quero ver coisas de forma diferente."
29. "Deus está em tudo o que eu vejo."
30. "Deus está em tudo o que eu vejo porque Deus está na minha mente."

26. (57) Revisão das lições praticadas de 31 de janeiro a 4 de fevereiro:
31. "Eu não sou uma vítima do mundo que vejo."
32. "Eu inventei o mundo que vejo."
33. "Existe um outro modo de olhar para o mundo."
34. "Eu poderia ver paz em vez disso."
35. "Minha mente é parte da Mente de Deus. Eu Sou Sagrado."

27. (58) Revisão das lições praticadas de 5 a 9 de fevereiro:
36. "Meu Eu Sagrado envolve tudo o que eu vejo."
37. "Meu Eu Sagrado abençoa o mundo."
38. "Não há nada que o meu Eu Sagrado não possa fazer."
39. "Meu Eu Sagrado é a minha salvação."
40. "Eu sou abençoado como um Filho de Deus."

28. (59) Revisão das lições praticadas de 10 a 14 de fevereiro:
41. "Deus vai comigo aonde quer que eu vá."
42. "Deus é minha força. A visão é Sua dádiva."
43. "Deus é minha Fonte. Eu não posso ver separado Dele."
44. "Deus é a Luz na qual eu vejo."
45. "Deus é a Mente com a qual eu penso."

Orientações do Mestre Saint Germain
para cada dia do mês de fevereiro

1 (32)

"Eu inventei o mundo que vejo."

....

"A percepção individual mostra a realidade relacionada a cada forma de vida na família, na cidade, no país, no planeta. A Mente acredita no que vê e também no que cria a cada instante. No plano mental, ambas têm a mesma força, por isso a importância de ESCOLHER MELHOR os próximos PENSAMENTOS e assim Criar a PAZ."

2 (33)

"Há uma outra forma de ver o mundo."

....

"A essência do Universo é Perfeição. Na Mente Crística, encontrareis a Sintonia apropriada para a mudança da mente dividida para a mente Una no Poder de Deus."

3 (34)

"Eu poderia ver paz em vez disso."

....

"A PAZ é questão de decisão pessoal. Quando, conscientemente, cada ser escolhe mudar o padrão de pensamento, essa atitude reflete na frequência de pensamento do mundo."

4 (35)

"Minha mente é parte da Mente de Deus.
Eu Sou Sagrado."

....

"Quando cada um reconhece ser Parte da Divindade, o Sagrado atrai o processo da manifestação dos Milagres, que ocorrem sem esforço, apenas no limiar da Sintonia apropriada."

5 (36)

"Meu Eu Sagrado envolve tudo o que eu vejo."

• • • • • • • • • • • • • • • •

"Enxergar com os olhos do ego traz ruptura à Lei da Verdade. Praticai a Visão Sagrada da Perfeição a cada instante, em tudo e em todos, e, assim, vossa realidade se transformará."

6 (37)

"Meu Eu Sagrado abençoa o mundo."

• • • • • • • • • • • • • • • •

"A Alma tem a chave da Felicidade e do Poder Verdadeiro. Em sintonia com essa frequência, manifestareis a PAZ."

7 (38)

"Não há nada que meu Eu Sagrado não possa fazer."

• • • • • • • • • • • • • • • •

"Quando a mente escolhe não mais se separar da Força Una da Criação, o Poder da Mente Crística aceita a Chama de Deus-Pai-Mãe em cada corpo e tudo é manifestado, porque todas as realizações materiais que existem hoje ao vosso redor começaram, um dia, na mente de um Ser."

8 (39)

"Meu Eu Sagrado é a minha salvação."

• • • • • • • • • • • • • • • •

"A partícula mental que necessita de salvação é o ego, que reside na mente humana. Centrados no Poder do Espírito Santo, que tambem reside na mente, ireis ancorar a Manifestação de Graças e de Milagres."

9 (40)

"Eu sou abençoado como um Filho de Deus."

....

"Reconhecer a Chispa Divina, que é a Presença da Mônada — o sol interno que brilha e pulsa todo o Poder do Amor Incondicional, que é a essência e a matéria-prima da Criação —, fará cada ser abrir as portas para novas possibilidades e manifestações."

10 (41)

"Deus vai comigo aonde quer que eu vá."

....

"A Presença EU SOU é parte integrante da Vida de todo Ser Vivo; quando reconhecerdes esse Poder Atuante a cada dia, somente a LUZ imperará."

11 (42)

"Deus é minha força. A visão é Sua dádiva."

....

"Somente na PAZ de Deus o Milagre da Vida se renova a cada instante sagrado. Nas profundezas da mente subconsciente acalmareis o ego-personalidade e permitireis que a Força do Silêncio predomine. Ali está a CONSCIÊNCIA que ESCOLHE VER o mundo com a Força da PAZ."

12 (43)

"Deus é minha Fonte.
Eu não posso ver separado Dele."

....

"Cada ser enxerga o mundo de acordo com as leis e crenças em que foi criado. Determinando uma nova percepção, que enxerga apenas a realidade Divina em todas as situações, ireis entender que, na mente de Deus, não existe divisão e tudo é Perfeito, assim como deve ser perfeita a vossa realidade individual."

13 (44)

"Deus é a Luz na qual eu vejo."

....

"Luz é a linguagem do Universo. É o reflexo de todas as formas de evolução, apenas mudando a frequência emanada. Reconhecendo a vossa Luz Interna, que é a essência de Deus em cada ser, manifestareis a chama da Verdade, que só enxerga e manifesta a Unidade."

14 (45)

"Deus é a Mente com a qual eu penso."

....

"Quando vossa Verdade assumir controle perante vossa Vida, estareis aptos a construir um novo caminho, pleno de Sabedoria e Iluminação na Luz do Discernimento utilizado a cada instante."

15 (46)

"Deus é o Amor no qual eu perdoo."

....

"Quando a mente está consciente do Poder do Amor, tudo abraça e ilumina. O exercício mais pleno e eficiente no mundo, agora, é AMAR INCONDICIONALMENTE tudo e todos, sem prejulgamentos nem comparações. Perdoar é Amar."

16 (47)

"Deus é a Força na qual eu confio."

....

"As ilusões do ego se dissipam quando o Poder da Mente Crística está centrado na Chama da Verdade."

17 (48)

"Não há nada a temer."

....

"Sobrevivência e Segurança são as principais questões que geram medo. Alicerçados no Amor, ireis compreender que não existem

limites diante da Força da Criação, e, como cocriadores, ireis manifestar Alegria e Felicidade em vossas Vidas agora. Tudo é questão de escolha consciente."

18 (49)

"A Voz de Deus fala comigo durante todo o dia."

....

"Reconhecer o Poder de Deus é admitir que, por meio da Sintonia Perfeita na mente, ireis fortalecer a Chama da Intuição, que é a forma de expressão da Voz de Deus em vós. Exercitai Fé e Segurança neste novo limiar de escolhas conscientes."

19 (50)

"O Amor de Deus é o meu sustento."

....

"A Essência da Luz, que é o reflexo do Amor, é a força que cria e provê. Aceitando esta Verdade, ireis manifestar a chama da reintegração, da Cocriação diária na Luz do Amor, que tudo compreende e abençoa."

Neste dia 19 de fevereiro completamos 50 lições, e os próximos dez dias, conforme orientação do livro *Um Curso em Milagres*, serão dedicados à revisão dessas lições.

Revisão

De hoje, 20 de fevereiro, até o dia 1º de março, revisaremos as lições dos dias anteriores, em grupos de cinco lições a cada dia. Então, pelos próximos dez dias, você terá, a cada dia, um grupo de lições a serem revisadas e a orientação do Mestre Saint Germain para esse grupo de lições. A ideia é que você medite sobre cada uma delas e se concentre naquela que mais atrair a sua atenção.

20 (51)

Revisão das lições praticadas de 1º a 5 de janeiro:

1. "Nada do que eu vejo significa alguma coisa."
2. "Eu dei a tudo o que vejo — objetos e situações — todo o sentido que tem para mim."
3. "Eu não compreendo nada do que vejo."
4. "Estes pensamentos não significam nada para mim."
5. "Nunca estou triste pelos motivos que eu penso."

． ． ． ． ． ． ． ． ． ． ． ． ． ． ． ． ．

"Quando a mente Crística assume controle perante a vida, ela transforma os bloqueios causados por energias do passado. Tudo o que é real existe apenas no momento presente, no eterno agora."

21 (52)

Revisão das lições praticadas de 6 a 10 de janeiro:

6. "Eu estou triste porque vejo alguma coisa que não está lá."
7. "Eu vejo apenas o passado."
8. "Minha mente está preocupada com pensamentos passados."
9. "Eu não vejo nada como é agora."
10. "Meus pensamentos não significam nada."

． ． ． ． ． ． ． ． ． ． ． ． ． ． ． ． ．

"Ao transmutar pensamentos centrados no ego, sentireis o poder da verdadeira escolha, e assim, renunciareis a tudo o que não é Real e que não traduz a Chama da Perfeição."

22 (53)

Revisão das lições praticadas de 11 a 15 de janeiro:

11. "Meus pensamentos sem significado me mostram um mundo sem significado."
12. "Eu estou triste porque vejo um mundo sem significado."
13. "Um mundo sem significado gera medo."
14. "Deus não criou um mundo sem significado."
15. "Meus pensamentos são imagens que eu criei."

....
"É momento de erguer o véu que encobre a Verdade. Centrados no Poder da Fé, reverenciareis o Poder Criativo que tudo Liberta e Consolida."

23 (54)

Revisão das lições praticadas de 16 a 20 de janeiro:

16. "Eu não tenho pensamentos neutros."
17. "Eu não vejo coisas neutras."
18. "Eu não estou sozinho quando experiencio os efeitos do que vejo."
19. "Eu não estou sozinho quando experiencio os efeitos dos meus pensamentos."
20. "Eu estou determinado a ver."

....
"Tudo é questão de decisão. Na mente está o grande reservatório das Criações, e quando cada ser assume a responsabilidade em ser um cocriador, a realidade individual muda."

24 (55)

Revisão das lições praticadas de 21 a 25 de janeiro:

21. "Eu estou determinado a ver coisas de forma diferente."
22. "O que eu vejo é uma forma de vingança."
23. "Eu escapo do mundo que eu vejo desisitindo dos pensamentos de ataque."
24. "Eu não percebo os meus maiores interesses."
25. "Eu não sei para que servem as coisas."

....
"Que possais ter Fé no Poder Mental Crístico verdadeiro, para que todas as ilusões sejam dissipadas em nome da vossa Vontade Individual."

25 (56)

Revisão das lições praticadas de 26 a 30 de janeiro:

26. "Meus pensamentos de ataque atacam a minha invulnerabilidade."
27. "Acima de tudo, eu quero ver."
28. "Acima de tudo, eu quero ver coisas de forma diferente."
29. "Deus está em tudo o que eu vejo."
30. "Deus está em tudo o que eu vejo porque Deus está na minha mente."

• • • • • • • • • • • • • • • • •

"Na Sintonia com a chama da Perfeição encontrareis o bálsamo da partícula viva que tudo abraça e transforma."

26 (57)

Revisão das lições praticadas de 31 de janeiro a 4 de fevereiro:

31. "Eu não sou uma vítima do mundo que vejo."
32. "Eu inventei o mundo que vejo."
33. "Existe um outro modo de olhar para o mundo."
34. "Eu poderia ver paz em vez disso."
35. "Minha mente é parte da Mente de Deus. Eu Sou Sagrado."

• • • • • • • • • • • • • • • • •

"No reencontro da Vontade com a Perfeição, ireis ancorar a sintonia apropriada para manifestar a verdadeira PAZ."

27 (58)

Revisão das lições praticadas de 5 a 9 de fevereiro:

36. "Meu Eu Sagrado envolve tudo o que eu vejo."
37. "Meu Eu Sagrado abençoa o mundo."
38. "Não há nada que o meu Eu Sagrado não possa fazer."
39. "Meu Eu Sagrado é a minha salvação."
40. "Eu sou abençoado como um Filho de Deus."

• • • • • • • • • • • • • • • • •

"Quando cada ser reconhece ser parte integrante da mente de Deus, o Sagrado se revela e a partícula de Luz onde reside o Espírito Santo assume a totalidade das escolhas do caminho rumo à Ascensão."

28 (59)

Revisão das lições praticadas de 10 a 14 de fevereiro:

41. "Deus vai comigo aonde quer que eu vá."
42. "Deus é minha força. A visão é Sua dádiva."
43. "Deus é minha Fonte. Eu não posso ver separado Dele."
44. "Deus é a Luz na qual eu vejo."
45. "Deus é a Mente com a qual eu penso."

. . . .

"Basta sintonizar no Poder de Deus no momento de despertar e, assim, seguir durante o dia, para que, amparados pelo Poder mais a Onipotência da Perfeição, tudo flua em equilíbrio e harmonia."

DISSE O MESTRE JESUS:

"Quanto mais a mente consciente estiver centrada no Poder de Deus, maior equilíbrio será gerado, ancorando Bênçãos de Harmonia e Paz. Perdoando pensamentos limitadores e nocivos, atingireis a Liberdade Mental Cocriativa, mudando realidades individuais".

Março[4]

Considerações Iniciais

No mês de março, trabalharemos com as lições 60 a 90 do livro *Um Curso em Milagres*:

• A lição 60, do dia 1º de março, traz a última série de lições da primeira revisão, iniciada no dia 20 de fevereiro;

• As lições 61 a 80 (dias 2 a 21 de março) são novas;

• As lições 81 a 90 (dias 22 a 31 de março) são dedicadas à revisão das 20 lições anteriores.

Lições contidas no livro *Um Curso em Milagres*

1. (60) Revisão das lições praticadas de 15 a 19 de fevereiro:
    46. "Deus é o Amor no qual eu perdoo."
    47. "Deus é a Força na qual eu confio."
    48. "Não há nada a temer."
    49. "A Voz de Deus fala comigo durante todo o dia."
    50. "O Amor de Deus é o meu sustento."
2. (61) Eu sou a luz do mundo.
3. (62) O perdão é a minha função como a luz do mundo.
4. (63) A luz do mundo traz paz a todas as mentes pelo meu perdão.
5. (64) Que eu não esqueça a minha função.
6. (65) A minha única função é a que Deus me deu.
7. (66) A minha felicidade e a minha função são uma só.
8. (67) O Amor me criou como a Ele mesmo.

---

4. Os números entre parênteses referem-se à numeração das lições no livro *Um Curso em Milagres*.

9. (68) O Amor não guarda mágoas.
10. (69) As minhas mágoas escondem a luz do mundo em mim.
11. (70) A minha salvação vem de mim.
12. (71) Só o plano de Deus para a salvação funcionará.
13. (72) Guardar mágoas é um ataque ao plano de Deus para a salvação.
14. (73) É minha vontade que haja luz.
15. (74) Não há outra vontade senão a de Deus.
16. (75) A luz veio.
17. (76) Eu não estou sujeito a outras leis senão às de Deus.
18. (77) Eu tenho direito a milagres.
19. (78) Que os milagres substituam todas as mágoas.
20. (79) Que eu reconheça o problema para que ele possa ser resolvido.
21. (80) Que eu reconheça que os meus problemas foram resolvidos.

Revisão

22. (81) Revisão das lições praticadas dias 2 e 3 de março:
    61. Eu sou a luz do mundo
    62. O perdão é a minha função como a luz do mundo.
23. (82) Revisão das lições praticadas dias 4 e 5 de março:
    63. A luz do mundo traz paz a todas as mentes pelo meu perdão.
    64. Que eu não esqueça a minha função.
24. (83) Revisão das lições praticadas dias 6 e 7 de março:
    65. A minha única função é a que Deus me deu.
    66. A minha felicidade e a minha função são uma só.
25. (84) Revisão das lições praticadas dias 8 e 9 de março:
    67. O Amor me criou como a Ele mesmo.
    68. O Amor não guarda mágoas.
26. (85) Revisão das lições praticadas dias 10 e 11 de março:
    69. As minhas mágoas escondem a luz do mundo em mim.
    70. A minha salvação vem de mim.
27. (86) Revisão das lições praticadas dias 12 e 13 de março:
    71. Só o plano de Deus para a salvação funcionará.
    72. Guardar mágoas é um ataque ao plano de Deus para a salvação.
28. (87) Revisão das lições praticadas dias 14 e 15 de março:
    73. É minha vontade que haja luz.
    74. Não há outra vontade senão a de Deus.
29. (88) Revisão das lições praticadas dias 16 e 17 de março:
    75. A luz veio.
    76. Eu não estou sujeito a outras leis senão às de Deus.

30. (89) Revisão das lições praticadas dias 18 e 19 de março:
    77. Eu tenho direito a milagres.
    78. Que os milagres substituam todas as mágoas.
31. (90) Revisão das lições praticadas dias 20 e 21 de março:
    79. Que eu reconheça o problema para que ele possa ser resolvido.
    80. Que eu reconheça que os meus problemas foram resolvidos.

Orientações do Mestre Saint Germain
para cada dia do mês de março

1 (60)

Revisão das lições praticadas de 15 a 19 de fevereiro:

46. "Deus é o Amor no qual eu perdoo."
47. "Deus é a Força na qual eu confio."
48. "Não há nada a temer."
49. "A Voz de Deus fala comigo durante todo o dia."
50. "O Amor de Deus é o meu sustento."

*"Quando vossa mente sintoniza o Amor da Alma, todas as células do corpo biológico reconhecem o Poder da Grande Fonte Divina como única Força atuante: Deus-Pai-Mãe, o Grande Arquiteto dos Universos em expansão, que atua a cada momento
de vossa vida em evolução."*

2 (61)

"Eu sou a luz do mundo."

"Eu Sou é um dos nomes de Deus — Reconhecer o Poder da Alma, que reflete a Luz individual, é o melhor caminho para manifestar Milagres."

3 (62)

"O perdão é a minha função como a luz do mundo."

"O ego-personalidade se prende aos obstáculos que geram Milagres e Leveza na Vida. Perdoando o tempo desperdiçado no passado,

reencontrareis o ponto de equilíbrio para manifestar uma Vida melhor, na Luz do Perdão e da Harmonia."

4 (63)

"A luz do mundo traz paz a todas as mentes pelo meu perdão."

• • • • • • • • • • • • • • • •

"Em sintonia com vossos corações, reverenciareis a Luz de Deus, a fonte de toda a Vida. Reconhecendo essa Luz como única forma atuante de cocriação, ireis sintonizar mente e coração no Amor, que é a única fonte de cura individual e planetária. Perdoando situações passadas, reencontrareis a PAZ."

5 (64)

"Que eu não esqueça a minha função."

• • • • • • • • • • • • • • • •

"Que possais ouvir as diretrizes da Alma e não do ego-personalidade, que tenta distrair a mente racional e conduzir atitudes que geram confusão e dor.
Em sintonia com a Alma, atraireis somente Amor
e manifestações positivas."

6 (65)

"A minha única função é a que Deus me deu."

• • • • • • • • • • • • • • • •

"Deus traz a Luz do Amor latente em todos os seres vivos, enquanto o ego-personalidade distancia a mente consciente dessa Verdade. Retornando à Fonte de inspiração e Força, ancorareis somente as Virtudes Divinas ofertadas por Deus."

7 (66)

"A minha felicidade e a minha função são uma só."

• • • • • • • • • • • • • • • •

"Viver é fazer-se feliz todos os dias, a cada instante de vossa evolução. Na vibração da Felicidade, cumprireis vossa missão individual e planetária."

8 (67)

"O Amor me criou como a Ele mesmo."

"*O Amor é a expressão da pureza da Luz de Deus. É o elo verdadeiro que fortalece todos os seres para que redescubram novas perspectivas na vida, a fim de que possam fazer escolhas melhores a cada dia.*"

9 (68)

"O Amor não guarda mágoas."

"*Na abrangência do Potencial do Amor Incondicional, todos são perdoados e compreendidos, pois os erros humanos são cometidos pelo ego-personalidade, que não é o propósito maior da evolução, mas a alavanca que, quando transmutada, leva à Maestria e à Ascensão individual e planetária.*"

10 (69)

"As minhas mágoas escondem a luz do mundo em mim."

"*Sois parte do Todo. Cada pensamento ou ação atinge todos os seres encarnados nos reinos mineral, animal, elemental e hominal. Por meio de sentimentos negativos, criados pelo ego individual, estareis afastados da Luz Verdadeira da vossa alma. Aceitar a Luz da alma é a âncora para direcionar novos rumos conscientes.*"

11 (70)

"A minha salvação vem de mim."

"*Transmutando o Poder do ego-personalidade e reconhecendo o Poder da Alma, fortalecereis a chama da Paz e da Unidade que alinham vossa mente e coração na mesma Sintonia.*"

12 (71)

"Só o plano de Deus para a salvação funcionará."

"Quem necessita de salvação é o ego-personalidade, pois a alma já é iluminada. Quando vossa mente decidir permitir esse novo vislumbre de Consciência, compreendereis que tumultos e energias nocivas desnecessárias são criadas por vós mesmos, alicerçados no ego-personalidade."

13 (72)

"Guardar mágoas é um ataque ao plano de Deus para a salvação."

"Mágoas traduzem a reafirmação de que o comandante de vossa vida é o ego, e não a Alma. O Plano Divino traz muitas bênçãos e graças diariamente, para que cada ser reaprenda a caminhar na Luz da própria Verdade."

14 (73)

"É minha vontade que haja luz."

"Quando a decisão de viver em sintonia com a Luz for mais forte que tudo, a Vida de cada um de vós mudará."

15 (74)

"Não há outra vontade senão a de Deus."

"As ilusões do ego-personalidade tentam afastar cada ser de seu Próprio Poder Interno. Em sintonia com o Propósito Divino, todos reafirmam seus caminhos na Luz da Unidade."

16 (75)

"A luz veio."

"Reafirmar a Presença da Luz é aceitar uma nova perspectiva no Caminho da União com Deus no Plano da Perfeição Divina. Tudo é questão de decidir."

17 (76)

"Eu não estou sujeito a outras leis
senão às de Deus."

. . . .

"Afastando o poder do ego-personalidade e reconhecendo a chama da Precipitação da Lei de Deus, a Vida de cada um de vós fluirá com mais bênçãos e graças a cada instante."

18 (77)

"Eu tenho direito a milagres."

. . . .

"Vosso Direito Divino por herança, como Filhos de Deus, é criar do éter aquilo que vossa mente possa conceber. Nessa sintonia, estareis aptos a recriar um novo caminho, pleno de Felicidade e de Abundância."

19 (78)

"Que os milagres substituam todas as mágoas."

. . . .

"Quanto mais pessoas estiverem na sintonia dos Milagres e das Bênçãos, maiores serão as precipitações positivas a transmutar os resquícios dos sentimentos que aprisionam, criados pelo ego-personalidade, como as mágoas."

20 (79)

"Que eu reconheça o problema para que ele possa ser resolvido."

. . . .

"Olhar além do véu traz o poder que ancora a chama da Perfeição da Unidade do Espírito da Bem-aventurança. Todos os problemas, sem exceção, são causados pelo ego-personalidade de quem os criou ou de quem neles está envolvido. Reconhecer que tudo é questão de escolher entre dois caminhos — a Sintonia no Poder Supremo de Deus ou na mente dividida — traz a Liberdade."

21 (80)

"Que eu reconheça que os meus problemas foram resolvidos."

· · · · · · · · · · · · · · · · ·

"Quando a mente assume a postura de que TUDO ESTÁ BEM, o Universo e as energias atuam de forma harmoniosa, manifestando a Chama da Solução e da Bem-Aventurança."

Revisão

Os próximos dez dias serão dedicados à revisão das últimas vinte lições; por isso, de 22 a 31 de março serão apresentadas duas lições por dia. A cada dia, você terá as duas lições a serem revisadas, seguidas da orientação do Mestre Saint Germain.

De acordo com o livro *Um Curso em Milagres*, a ideia é que você dedique pelo menos 15 minutos do dia a cada lição (leitura e reflexão sobre a ideia central da lição), e depois, ao longo do dia, dedique alguns períodos curtos, de 3 ou 4 minutos, a cada uma delas.

22 (81)

Revisão das lições praticadas dias 2 e 3 de março:

61. Eu sou a luz do mundo
62. O perdão é a minha função como a luz do mundo.

· · · · · · · · · · · · · · · · ·

"Reconhecer o Poder da Luz Interna e agir nessa sintonia permite que situações geradas pelo ego-personalidade sejam perdoadas."

23 (82)

Revisão das lições praticadas dias 4 e 5 de março:

63. A luz do mundo traz paz a todas as mentes pelo meu perdão.
64. Que eu não esqueça a minha função.

· · · · · · · · · · · · · · · · ·

"Quando existe a atitude concisa e focada em querer perdoar, mesmo sem saber exatamente o que, o amor tudo abraça e traz a plenitude de um novo tempo de cocriações, que refletem a Paz Individual e Planetária."

24 (83)

Revisão das lições praticadas dias 6 e 7 de março:

    65. A minha única função é a que Deus me deu.
    66. A minha felicidade e a minha função são uma só.

• • • • • • • • • • • • • • • • • •

"Afirmar servir o Poder Supremo de Deus é não admitir que o ego-personalidade seja o mentor de vossas escolhas, mas que a Alma se encarregue de atrair a Felicidade a cada instante."

25 (84)

Revisão das lições praticadas dias 8 e 9 de março:

    67. O Amor me criou como a Ele mesmo.
    68. O Amor não guarda mágoas.

• • • • • • • • • • • • • • • • • •

"Em sintonia com o Poder do Amor Incondicional, reverenciareis a chama da Perfeição e Unidade. Mágoas e ressentimentos são causados pelo ego; na Luz, e em sintonia com o Amor, eles não têm poder. É momento de reescolher servir a chama da percepção da Unidade do Poder de Deus e atuar em nome do Amor."

26 (85)

Revisão das lições praticadas dias 10 e 11 de março:

    69. As minhas mágoas escondem a luz do mundo em mim.
    70. A minha salvação vem de mim.

• • • • • • • • • • • • • • • • • •

"Quando o ego-personalidade projeta escolhas abusivas, que se distanciam da Fonte Suprema da Criação, que é Deus, vivenciareis *o limite imposto por energias nocivas, que não se traduzem no vocabulário de Deus. Para expandir a Luz Interna, é necessário reconhecer essa força, atuar de acordo com a decisão de mudar e viver essa nova energia."*

27 (86)

Revisão das lições praticadas dias 12 e 13 de março:

71. Só o plano de Deus para a salvação funcionará.
72. Guardar mágoas é um ataque ao plano de Deus para a salvação.

....

"Toda forma de ataque provém do ego-personalidade: autossabotagem, não aceitação, julgamentos... Quando a mente consciente ACEITA entregar-se ao Plano Divino, que é Luz, Amor e Milagres a todos, a Vida muda."

28 (87)

Revisão das lições praticadas dias 14 e 15 de março:

73. É minha vontade que haja luz.
74. Não há outra vontade senão a de Deus.

....

"Para Deus, só existe o Caminho da Luz, que é Onipresente. Reafirmar essa energia na chama da Fé revalida o compromisso assumido por vossa alma antes de encarnar, para que todos pudessem viver a plenitude da chama da Perfeição."

29 (88)

Revisão das lições praticadas dias 16 e 17 de março:

75. A luz veio.
76. Eu não estou sujeito a outras leis senão às de Deus.

....

"Em sintonia com o Poder da Luz Divina, reencontrareis o propósito de vossa vida:

Ser e Viver o Milagre da Renovação da Vida a cada instante sagrado, reconhecendo essa Luz em vosso coração e em vossa alma."

30 (89)

Revisão das lições praticadas dias 18 e 19 de março:

77. Eu tenho direito a milagres.
78. Que os milagres substituam todas as mágoas.

· · · · · · · · · · · · · · · · ·

"Quando vossa mente aceita vosso Direito Divino deixado por Herança Crística Sagrada, a cura das mágoas e ressentimentos ocorre. Na percepção da escolha consciente, a mudança da sintonia atrai a chama da Perfeição."

31 (90)

Revisão das lições praticadas dias 20 e 21 de março:

79. Que eu reconheça o problema para que ele possa ser resolvido.
80. Que eu reconheça que os meus problemas foram resolvidos.

· · · · · · · · · · · · · · · · ·

"Buscar o âmago de cada situação na Luz da Alma é a única forma de transcender e curar as ilusões criadas pelo ego-personalidade, que aprisionaram muitas mentes e seres no passado."

DISSE O MESTRE JESUS:

"A Chama da Verdade é a única Força Criadora que impulsiona o despertar de vossos novos caminhos na Paz. Novas diretrizes escolhidas na Luz do Amor apontam a oportunidade de criar uma nova vida a cada instante. Abri mentes e corações e aceitai as bênçãos que consolidam a chama do Reencontro de cada alma encarnada que reconhece o Poder da Presença EU SOU em ação."

Abril[5]

Considerações Iniciais

No mês de abril, trabalharemos com as lições 91 a 120 do livro *Um Curso em Milagres*:
- As lições 91 a 110 (do dia 1º ao dia 20 de abril) são novas;
- As lições 111 a 120 (dias 21 a 30 de abril) são dedicadas à revisão das 20 lições anteriores.

Lições contidas no livro *Um Curso em Milagres*

1. (91) Milagres são vistos na luz.
2. (92) Milagres são vistos na luz, e a luz e a força são uma só.
3. (93) A luz, a alegria e a paz habitam em mim.
4. (94) Eu sou como Deus me criou.
5. (95) Eu sou um só Ser, unido ao meu Criador.
6. (96) A salvação vem do meu único Ser.
7. (97) Eu sou espírito.
8. (98) Vou aceitar a minha parte no plano de Deus para a salvação.
9. (99) A salvação é a minha única função aqui.
10. (100) A minha parte é essencial no plano de Deus para a salvação.
11. (101) A Vontade de Deus para mim é a felicidade perfeita.
12. (102) Eu compartilho a Vontade de Deus de felicidade para mim.
13. (103) Deus, sendo Amor, é também felicidade.
14. (104) Eu busco apenas o que pertence a mim na verdade.

---

5. Os números entre parênteses referem-se à numeração das lições no livro *Um Curso em Milagres*.

15. (105) A paz e a alegria de Deus são minhas.
16. (106) Que eu me aquiete e escute a verdade.
17. (107) A verdade corrigirá todos os erros na minha mente.
18. (108) Dar e receber são um só na verdade.
19. (109) Eu descanso em Deus.
20. (110) Eu sou como Deus me criou.

Revisão

21. (111) Revisão das lições praticadas dias 1º e 2 de abril:
    91. Milagres são vistos na luz.
    92. Milagres são vistos na luz, e a luz e a força são uma só.
22. (112) Revisão das lições praticadas dias 3 e 4 de abril:
    93. A luz, a alegria e a paz habitam em mim.
    94. Eu sou como Deus me criou.
23. (113) Revisão das lições praticadas dias 5 e 6 de abril:
    94. Eu sou um só Ser, unido ao meu Criador.
    96. A salvação vem do meu único Ser.
24. (114) Revisão das lições praticadas dias 7 e 8 de abril:
    97. Eu sou espírito.
    98. Vou aceitar a minha parte no plano de Deus para a salvação.
25. (115) Revisão das lições praticadas dias 9 e 10 de abril:
    99. A salvação é a minha única função aqui.
    100. A minha parte é essencial no plano de Deus para a salvação.
26. (116) Revisão das lições praticadas dias 11 e 12 de abril:
    101. A Vontade de Deus para mim é a felicidade perfeita.
    102. Eu compartilho a Vontade de Deus de felicidade para mim.
27. (117) Revisão das lições praticadas dias 13 e 14 de abril:
    103. Deus, sendo Amor, é também felicidade.
    104. Eu busco apenas o que pertence a mim na verdade.
28. (118) Revisão das lições praticadas dias 15 e 16 de abril:
    105. A paz e a alegria de Deus são minhas.
    106. Que eu me aquiete e escute a verdade.
29. (119) Revisão das lições praticadas dias 17 e 18 de abril:
    107. A verdade corrigirá todos os erros na minha mente.
    107. Dar e receber são um só na verdade.
30. (120) Revisão das lições praticadas dias 19 e 20 de abril:
    109. Eu descanso em Deus.
    110. Eu sou como Deus me criou.

Orientações do Mestre Saint Germain para cada dia do mês de abril

1 (91)

"Milagres são vistos na luz."

....

"Quando vossas vidas são direcionadas pela Presença EU SOU, que é pura LUZ em ação, Milagres ocorrem naturalmente."

2 (92)

"Milagres são vistos na luz, e a luz e a força são uma só."

....

"Em sintonia com o âmago da essência Crística da alma, sentireis o vosso real poder; ali é o centro físico de vossa força, que reflete a vossa Luz."

3 (93)

"A luz, a alegria e a paz habitam em mim."

....

"As frequências de Luz trazem a manifestação de formas-pensamentos. Escolhendo viver em PAZ, recriareis um novo caminho em vossa evolução, em sintonia com o Plano Divino da Criação."

4 (94)

"Eu sou como Deus me criou."

....

"Reconhecer o Plano da Perfeição de Deus é o caminho mais curto para manifestar Milagres. Fostes criados à imagem e semelhança do Poder Onipresente de Deus-Pai-Mãe."

5 (95)

"Eu sou um só Ser, unido ao meu Criador."

....

"Ao afirmar e reconhecer a conexão com a essência da alma, reconhecereis vossa herança Divina, trazendo à tona a chama da vossa Perfeição."

6 (96)

"A salvação vem do meu único Ser."

....

"Na transmutação do ego, reencontrareis o alicerce do vosso Poder verdadeiro e, assim, reconhecereis a chama da Unidade com a Fonte da Criação: Deus-Pai-Mãe."

7 (97)

"Eu sou espírito."

....

"É importante aceitar que a alma é a parte mais importante da vossa vida, a partícula de Deus que a dirige."

8 (98)

"Vou aceitar a minha parte no plano de Deus para a salvação."

....

"Reconhecer a conexão com a Presença EU SOU e agir com consciência de mudança é a maneira de salvar o ego-personalidade."

9 (99)

"A salvação é a minha única função aqui."

....

"Curar o ego-personalidade é a verdadeira chave para atingir a Maestria."

10 (100)

"A minha parte é essencial no plano de Deus para a salvação."

....

"Cada ser é único e, ancorando as frequências de amor e verdade, cada um contribui para a total transmutação do ego."

11 (101)

"A Vontade de Deus para mim é a felicidade perfeita."

• • • • • • • • • • • • • • • • •

"Assumir a postura de criar momentos felizes todos os dias é reconhecer que Deus atua a cada instante em cada ser, provendo bênçãos. A felicidade é o caminho mais rápido para manifestar Milagres."

12 (102)

"Eu compartilho a Vontade de Deus de felicidade para mim."

• • • • • • • • • • • • • • • • •

"Dar e receber é a válvula de propulsão da energia dos Universos em expansão. Compartilhar momentos felizes atrai mais bênçãos de abundância e equilíbrio."

13 (103)

"Deus, sendo Amor, é também felicidade."

• • • • • • • • • • • • • • • • •

"Todas as virtudes Crísticas sagradas possuem a mesma essência, que é o Amor, síntese das bênçãos e emanações positivas construtivas nos Universos."

14 (104)

"Eu busco apenas o que pertence a mim na verdade."

• • • • • • • • • • • • • • • • •

"Cada ser deve viver a sua meta individual escolhida pela alma, e não mais as ilusões criadas pelo ego. Ajustai a vossa sintonia e ireis manifestar um novo ciclo, centrado na Verdade."

15 (105)

"A paz e a alegria de Deus são minhas."

• • • • • • • • • • • • • • • • •

"Reconhecer que todas as dádivas de Deus estão à disposição de todos os seres é a melhor escolha para acelerar o processo da manifestação dos Milagres."

16 (106)

"Que eu me aquiete e escute a verdade."

....

"No mergulho em vossas mentes silenciosas, ouvireis a chama da Manifestação."

17 (107)

"A verdade corrigirá todos os erros na minha mente."

....

"O espelho de todas as vossas escolhas é a Verdade. Ao centrar-vos na Luz, tudo o que não condiz com a perfeição é dissipado."

18 (108)

"Dar e receber são um só na verdade."

....

"Compartilhar habilidades é a maneira de reconhecer a Unidade da Vida, na qual cada um exerce o seu dom e reflete a maestria do Plano Divino em ação."

19 (109)

"Eu descanso em Deus."

....

"Em sintonia constante com o Poder Supremo da Criação, harmonizareis vossas Vidas. Tudo é questão de escolha."

20 (110)

"Eu sou como Deus me criou."

....

"Viver a chama da generosidade de Deus é admitir o Plano Maior da aceitação dos milagres infinitos."

Revisão

Os próximos dez dias serão dedicados à revisão das últimas vinte lições; por isso, de 21 a 30 de abril serão apresentadas duas lições por dia. A cada dia, você terá as duas lições a serem revisadas, seguidas da orientação do Mestre Saint Germain.

De acordo com o livro *Um Curso em Milagres*, a ideia é que você dedique pelo menos 15 minutos do dia a cada lição (leitura e reflexão sobre a ideia central da lição), e depois, ao longo do dia, dedique alguns períodos curtos, de 3 ou 4 minutos, a cada uma delas.

21 (111)

Revisão das lições praticadas dias 1º e 2 de abril:

91. Milagres são vistos na luz.
92. Milagres são vistos na luz, e a luz e a força são uma só.

"A válvula propulsora para manifestar Milagres está em vossos corações. Na pureza de vossas intuições e sentimentos, reconhecereis o poder da Luz, que reconhece a Fé como único caminho rumo à Maestria da Unidade."

22 (112)

Revisão das lições praticadas dias 3 e 4 de abril:

93. A luz, a alegria e a paz habitam em mim.
94. Eu sou como Deus me criou.

"É momento de retornar à Fonte, ao Poder da Luz criativa que manifesta um novo alicerce em vossos caminhos individuais."

23 (113)

Revisão das lições praticadas dias 5 e 6 de abril:

95. Eu sou um só Ser, unido ao meu Criador.
96. A salvação vem do meu único Ser.

∙∙∙∙∙∙∙∙∙∙∙∙∙∙∙∙∙

"Sentindo a totalidade de todos os reinos — animal, vegetal, elemental, mineral, hominal —, percebereis que sois partículas vivas e parte integrante da mesma Luz Divina."

24 (114)

Revisão das lições praticadas dias 7 e 8 de abril:

97. Eu sou espírito.
98. Vou aceitar a minha parte no plano de Deus para a salvação.

∙∙∙∙∙∙∙∙∙∙∙∙∙∙∙∙∙

"Assumir a totalidade da mônada, que reflete a luz da alma, é agir em sintonia com o Eu Crístico."

25 (115)

Revisão das lições praticadas dias 9 e 10 de abril:

99. A salvação é a minha única função aqui.
100. A minha parte é essencial no plano de Deus para a salvação.

∙∙∙∙∙∙∙∙∙∙∙∙∙∙∙∙∙

"Transmutar o ego é a chave para alicerçar o caminho da Unidade com o Criador."

26 (116)

Revisão das lições praticadas dias 11 e 12 de abril:

101. A Vontade de Deus para mim é a felicidade perfeita.
102. Eu compartilho a Vontade de Deus de felicidade para mim.

∙∙∙∙∙∙∙∙∙∙∙∙∙∙∙∙∙

"É chegado o momento de reconhecer que vossas Vidas são regidas

pelo Poder da Alma e não mais pela vontade do ego-personalidade."

27 (117)

Revisão das lições praticadas dias 13 e 14 de abril:

    103. Deus, sendo Amor, é também felicidade.
    104. Eu busco apenas o que pertence a mim na verdade.

....

"Sois Luz, e a frequência de vossas novas escolhas manifestará a totalidade da Vida em Plenitude."

28 (118)

Revisão das lições praticadas dias 15 e 16 de abril:

    105. A paz e a alegria de Deus são minhas.
    106. Que eu me aquiete e escute a verdade.

....

"Viver feliz é decidir fazer-se feliz todos os dias. No silêncio, confirmareis essa Verdade."

29 (119)

Revisão das lições praticadas dias 17 e 18 de abril:

    107. A verdade corrigirá todos os erros na minha mente.
    108. Dar e receber são um só na verdade.

....

"Reconhecer que a fonte da criação dos Milagres é o reflexo do poder centrado na alma é a confirmação de que compartilhar a essência é a única chave da manifestação."

30 (120)

Revisão das lições praticadas dias 19 e 20 de abril:

109. Eu descanso em Deus.
110. Eu sou como Deus me criou.

"Em sintonia com a centelha universal da Perfeição e exercitando a Fé, tudo se torna possível."

DISSE O MESTRE JESUS:

"Vossos corpos mentais são responsáveis pelas escolhas em vossas vidas. Vossa alma é o reflexo da essência de Deus, a força que cristaliza por meio da Presença Eu Sou, a chama da ressurreição que vos mostra que é possível vivenciar as energias máximas do amor incondicional e da liberdade, a fim de que possais compreender que vossos corpos são o espelho de vossa alma.

Hoje, o paradigma humano é que cada ser humano encarnado possa reescolher a energia do equilíbrio.

Equilíbrio, harmonia, força e verdade — essas são as virtudes que deverão ser experienciadas e vivenciadas por meio de vosso próprio exemplo, a fim de que possais assim vivificar moléculas, células e átomos pela vossa consciência unilateral que brinda a energia da maestria individual e coletiva, atingindo a força do equilíbrio de todos os reinos encarnados sobre a Terra neste momento de expansão."

Maio[6]

Considerações Iniciais

No mês de maio, trabalharemos com as lições 121 a 151 do livro *Um Curso em Milagres*:

• As lições 121 a 140 (do dia 1º ao dia 20 de maio) e a 151 (do dia 31 de maio) são novas;

• As lições 141 a 150 (dias 20 a 30 de maio) são dedicadas à revisão das 20 lições anteriores.

Lições contidas no livro *Um Curso em Milagres*

1. (121) O perdão é a chave da felicidade.
2. (122) O perdão oferece tudo o que eu quero.
3. (123) Agradeço ao meu Pai por Suas dádivas para mim.
4. (124) Que eu me lembre de que sou um com Deus.
5. (125) Em quietude, recebo hoje o Verbo de Deus.
6. (126) Tudo o que dou é dado a mim mesmo.
7. (127) Não há nenhum amor exceto o de Deus.
8. (128) O mundo que vejo não contém nada do que eu quero.
9. (129) Além desse mundo há um mundo que eu quero.
10. (130) É impossível ver dois mundos.
11. (131) Aquele que busca alcançar a verdade não pode falhar.
12. (132) Libero o mundo de tudo aquilo que eu pensava que fosse.
13. (133) Não darei valor àquilo que não tem valor.

---

[6]. Os números entre parênteses referem-se à numeração das lições no livro *Um Curso em Milagres*.

14. (134) Que eu perceba o perdão tal como ele é.
15. (135) Se eu me defendo, sou atacado.
16. (136) A doença é uma defesa contra a verdade.
17. (137) Quando sou curado, não sou curado sozinho.
18. (138) O Céu é a decisão que eu tenho que tomar.
19. (139) Aceitarei a Sintonia em mim mesmo.
20. (140) Pode-se dizer que só a salvação cura.

Revisão

21. (141) Revisão das lições praticadas dias 1º e 2 de maio:
    121. O perdão é a chave da felicidade.
    122. O perdão oferece tudo o que eu quero.
22. (142) Revisão das lições praticadas dias 3 e 4 de maio:
    123. Agradeço ao meu Pai por Suas dádivas para mim.
    124. Que eu me lembre de que sou um com Deus.
23. (143) Revisão das lições praticadas dias 5 e 6 de maio:
    125. Em quietude, recebo hoje o Verbo de Deus.
    126. Tudo o que dou é dado a mim mesmo.
24. (144) Revisão das lições praticadas dias 7 e 8 de maio:
    127. Não há nenhum amor exceto o de Deus.
    128. O mundo que vejo não contém nada do que eu quero.
25. (145) Revisão das lições praticadas dias 9 e 10 de maio:
    129. Além desse mundo há um mundo que eu quero.
    130. É impossível ver dois mundos.
26. (146) Revisão das lições praticadas dias 11 e 12 de maio:
    131. Aquele que busca alcançar a verdade não pode falhar.
    132. Libero o mundo de tudo aquilo que eu pensava que fosse.
27. (147) Revisão das lições praticadas dias 13 e 14 de maio:
    133. Não darei valor àquilo que não tem valor.
    134. Que eu perceba o perdão tal como ele é.
28. (148) Revisão das lições praticadas dias 15 e 16 de maio:
    135. Se eu me defendo, sou atacado.
    136. A doença é uma defesa contra a verdade.
29. (149) Revisão das lições praticadas dias 17 e 18 de maio:
    137. Quando sou curado, não sou curado sozinho.
    138. O Céu é a decisão que eu tenho que tomar.

30. (150) Revisão das lições praticadas dias 19 e 20 de maio:
    139. Aceitarei a Sintonia em mim mesmo.
    140. Pode-se dizer que só a salvação cura.
31. (151) Todas as coisas são ecos da Voz de Deus.

Orientações do Mestre Saint Germain para cada dia do mês de maio

1 (121)

O perdão é a chave da felicidade.

"Perdoar é aceitar o outro na totalidade da perfeição, sem conceitos preestabelecidos, apenas vendo o outro ser como PERFEITO."

2 (122)

O perdão oferece tudo o que eu quero.

"O perdão tem o poder de abrir o coração, em sintonia com a mente crística que tudo abrange e abençoa; deveis abrir espaço em vossas mentes e corações para receber Bênçãos e Graças a cada instante de vossas evoluções."

3 (123)

Agradeço ao meu Pai por Suas dádivas para mim.

"Reconhecer que o Poder Supremo de Deus é a Força Motora e Criativa da Vida é a chave para receber Milagres a cada instante."

4 (124)

Que eu me lembre de que sou um com Deus.

"Que a sintonia na mente Crística seja constante em todas as escolhas conscientes, para que somente Perfeição e Bênçãos ocorram."

5 (125)

Em quietude, recebo hoje o Verbo de Deus.

"O Silêncio é o bálsamo por meio do qual Deus fala. Mergulhar nessa energia é permitir que a Vida flua suavemente pela Vontade Divina."

6 (126)

Tudo o que dou é dado a mim mesmo.

"Todas as ações refletem a cópia das intenções registradas no cérebro e no coração, por isso a importância de se ter consciência de melhores escolhas a cada momento sagrado."

7 (127)

Não há nenhum amor exceto o de Deus.

*"A Fonte Divina tudo abraça e manifesta na Luz do Espírito da Manifestação.
Aceitai o Amor Incondicional e aplicai essa energia em todas as situações de vossas Vidas."*

8 (128)

O mundo que vejo não contém nada do que eu quero.

"Os olhos tridimensionais só reconhecem as escolhas do ego-personalidade e as energias gravadas no inconsciente coletivo. Abri mentes e corações para enxergar além, centrados no Poder da Alma."

9 (129)

Além desse mundo há um mundo que eu quero.

· · · · · · · · · · · · · · · · ·

"Em sintonia com a Chama da Perfeição e dos Milagres, reconhecereis que os sentidos enxergam um mundo ilusório, criado pelo ego-personalidade."

10 (130)

É impossível ver dois mundos.

· · · · · · · · · · · · · · · · ·

"A realidade é a Perfeição do Plano Divino. A chama do alicerce dessa escolha está na Mente Crística, que só reconhece o mundo criado na sintonia com o Espírito Santo, e não no Ego."

11 (131)

Aquele que busca alcançar a verdade não pode falhar.

· · · · · · · · · · · · · · · · ·

"A Verdade é a chave libertadora de todas as emanações de Luz. Em sintonia com esse Poder, reconhecereis a totalidade de vossa essência crística sagrada."

12 (132)

Libero o mundo de tudo aquilo que eu pensava que fosse.

· · · · · · · · · · · · · · · · ·

"Enxergar com os olhos da Verdade, centrada na sintonia das escolhas feitas pelo Espírito Santo, revela a Pureza da Perfeição Divina, e a atenção deixará de estar em fatos superficiais."

13 (133)

Não darei valor àquilo que não tem valor.

· · · · · · · · · · · · · · · · ·

"Reconhecer o Poder da Alma fortalece o vínculo com a Graça Divina que manifesta somente o reflexo da Perfeição e da Luz."

14 (134)

Que eu perceba o perdão tal como ele é.

· · · · · · · · · · · · · · · · ·

"Aceitar as energias distorcidas e entender que cada um age de acordo com os seus princípios e escolhas é a forma de renunciar ao ego e permitir que um novo alento abençoe cada momento da vida na Luz do Amor Incondicional, que é o principal 'remédio' para o Perdão."

15 (135)

Se eu me defendo, sou atacado.

· · · · · · · · · · · · · · · · ·

"Criar resistência é a mesma coisa que compactuar com a pressão das artimanhas do ego-personalidade."

16 (136)

A doença é uma defesa contra a verdade.

· · · · · · · · · · · · · · · · ·

"Em sintonia com o ego, o corpo gera formas de chamar a atenção que não condizem com a Verdade."

17 (137)

Quando sou curado, não sou curado sozinho.

· · · · · · · · · · · · · · · · ·

"Cada ser gera impacto em todos os seres da mesma espécie, por isso a importância de se reconhecer que a Felicidade é o melhor caminho para manifestar Luz. Todos os seres que sofrem do mesmo mal 'recebem a informação energética da cura', e cada corpo escolhe o momento de se autocurar."

18 (138)

O Céu é a decisão que eu tenho que tomar.

· · · · · · · · · · · · · · · · ·

"Escolher entregar-se à Vontade Divina é o caminho mais seguro para atingir a Perfeição."

19 (139)

Aceitarei a Sintonia em mim mesmo.

·················

"Tudo é questão de escolha: pensamentos, atitudes, alimentação, vestuário, amizades... A Sintonia Perfeita no Poder de Deus é a chama que opera Milagres."

20 (140)

Pode-se dizer que só a salvação cura.

·················

"Apenas a transformação do ego traz a chama que reconhece o Poder da Luz Divina, aquele que opera Milagres e cura a personalidade, que é a única parte da mente que necessita ser curada para que todos atinjam a Perfeição."

Revisão

Os próximos dez dias serão dedicados à revisão das últimas vinte lições; por isso, de 21 a 30 de maio serão apresentadas duas lições por dia. A cada dia, então, você terá as duas lições a serem revisadas, seguidas da orientação do Mestre Saint Germain.

De acordo com o livro *Um Curso em Milagres*, a ideia é que você dedique pelo menos 15 minutos do dia a cada lição (leitura e reflexão sobre a ideia central da lição), e depois, ao longo do dia, dedique alguns períodos curtos, de 3 ou 4 minutos, a cada uma delas.

21 (141)

Revisão das lições praticadas dias 1º e 2 de maio:

    121. O perdão é a chave da felicidade.
    122. O perdão oferece tudo o que eu quero.

·················

"Limpar a mente e o coração de resquícios que impedem a felicidade é a maneira mais rápida de criar Milagres. O Perdão é o bálsamo da Vida. Mágoas e ressentimentos ocupam espaço e afastam a manifestação de Bênçãos e Graças."

22 (142)

Revisão das lições praticadas dias 3 e 4 de maio:

    123. Agradeço ao meu Pai por Suas dádivas para mim.
    124. Que eu me lembre de que sou um com Deus.

....

"Ao despertar, que possais conectar vossas mentes com Deus-Pai--Mãe. Nessa sintonia de Perfeição e Unidade com a Força Divina durante todo o dia, possibilitareis a abertura de novas oportunidades de Graças e Manifestações."

23 (143)

Revisão das lições praticadas dias 5 e 6 de maio:

    125. Em quietude, recebo hoje o Verbo de Deus.
    126. Tudo o que dou é dado a mim mesmo.

....

"Quando a mente silencia, a Força Criadora consagra o caminho individual e permite que a chama da Luz retorne, manifestando Milagres."

24 (144)

Revisão das lições praticadas dias 7 e 8 de maio:

    127. Não há nenhum amor exceto o de Deus.
    128. O mundo que vejo não contém nada do que eu quero.

....

"O Poder Criativo de Deus-Pai-Mãe traz à tona a chama da Perfeição. Reconhecer e atuar ancorado no Poder do Amor solidifica a jornada rumo aos Milagres."

25 (145)

Revisão das lições praticadas dias 9 e 10 de maio:

129. Além desse mundo há um mundo que eu quero.
130. É impossível ver dois mundos.

· · · · · · · · · · · · · · · · ·

"A mente dividida enxerga o mundo sob duas perspectivas: uma em sintonia com o ego, e outra na Luz do Espírito Santo, que é o único mundo que existe, refletindo a Perfeição de Deus."

26 (146)

Revisão das lições praticadas dias 11 e 12 de maio:

131. Aquele que busca alcançar a verdade não pode falhar.
132. Libero o mundo de tudo aquilo que eu pensava que fosse.

· · · · · · · · · · · · · · · · ·

"Estas são as escolhas que fazeis inconscientemente, todos os dias de vossas evoluções. É chegado o momento de fortalecer o Poder da Unidade do Espírito Santo por meio do bálsamo de vossas Mentes Crísticas."

27 (147)

Revisão das lições praticadas dias 13 e 14 de maio:

133. Não darei valor àquilo que não tem valor.
134. Que eu perceba o perdão tal como ele é.

· · · · · · · · · · · · · · · · ·

"Ser verdadeiro em todas as situações, a cada instante sagrado, é a chave para reconhecer as oportunidades que o Poder de Deus provê a cada dia, criando novas perspectivas de Manifestação na Luz da Alma."

28 (148)

Revisão das lições praticadas dias 15 e 16 de maio:

    135. Se eu me defendo, sou atacado.
    136. A doença é uma defesa contra a verdade.

• • • • • • • • • • • • • • • • •

"Em sintonia com o Plano da Perfeição, o corpo responde de forma saudável. A doença é uma manifestação do ego-personalidade que, em primeiro lugar, deve ser reconhecida e curada na mente crística por meio do perdão, para que, depois, se possa restaurar o corpo."

29 (149)

Revisão das lições praticadas dias 17 e 18 de maio:

    137. Quando sou curado, não sou curado sozinho.
    138. O Céu é a decisão que eu tenho que tomar.

• • • • • • • • • • • • • • • • •

"Todos os seres vibram a Luz da mesma essência, que é Amor. Nessa sintonia, reconhecendo o Poder Divino em vós, precipitareis o fortalecimento do caminho rumo à Autocura e à Perfeição."

30 (150)

Revisão das lições praticadas dias 19 e 20 de maio:

    139. Aceitarei a Sintonia em mim mesmo.
    140. Pode-se dizer que só a salvação cura.

• • • • • • • • • • • • • • • • •

"Permitir que a Lei Divina atue na totalidade da essência é a maneira mais rápida de se curar o ego-personalidade sem esforço, de forma natural."

31 (151)

Todas as coisas são ecos da Voz de Deus.

"A Fonte Criadora de todas as formas de Vida exala Seu perfume sublime por meio do Amor. Aceitar as energias que compõem a orquestra da Vida é reconhecer o matiz da frequência da Alma. Sois reflexos do Poder Supremo de Deus que tudo manifesta por meio da projeção de formas-pensamentos e do Som primordial: OM."

DISSE O MESTRE JESUS:

"Milagres ocorrem de forma espontânea, quando vossa mente está focada no Poder da Natureza que comunga os preceitos de Amor e Poder Ilimitado de Deus.

Que vossa consciência assuma escolher um novo caminho, em sintonia com a totalidade do Amor Incondicional.

O ego-personalidade tenta forjar situações e forçar manifestações. Que vossas consciências reconheçam essa artimanha e transformem hábitos passados.

Vossas mentes crísticas alcançam o poder de Deus e plasmam Milagres e Graças de forma natural, simples e verdadeira, em sintonia com o prana sutil. Abraçai o Milagre da Vida na Liberdade Mental que ancora a chama da Verdade individual e planetária a cada respiração.

Junho[7]

Considerações Iniciais

No mês de junho, trabalharemos com as lições 152 a 181 do livro *Um Curso em Milagres*:

• As lições 152 a 170 (do dia 1º ao dia 19 de junho) e a 181 (do dia 30 de junho) são novas;

• As lições 171 a 180 (dias 19 a 29 de junho) são dedicadas à revisão das 20 lições anteriores.

Lições contidas no livro *Um Curso em Milagres*

1. (152) O poder de decisão é meu.
2. (153) A minha segurança está em ser sem defesas.
3. (154) Eu estou entre os ministros de Deus.
4. (155) Recuarei e permitirei que Ele me mostre o caminho.
5. (156) Caminho com Deus em perfeita santidade.
6. (157) Quero entrar na Sua Presença agora.
7. (158) Hoje, aprendo a dar como recebo.
8. (159) Dou os milagres que tenho recebido.
9. (160) Estou em casa. O medo é o estranho aqui.
10. (161) Dá-me a tua bênção, Filho santo de Deus.
11. (162) Eu sou como Deus me criou.
12. (163) Não há morte. O Filho de Deus é livre.
13. (164) Agora, somos um com Aquele que é a nossa Fonte.

---

[7]. Os números entre parênteses referem-se à numeração das lições no livro *Um Curso em Milagres*.

14. (165) Que a minha mente não negue o Pensamento de Deus.
15. (166) As dádivas de Deus me são confiadas.
16. (167) Só existe uma vida, e eu a compartilho com Deus.
17. (168) A Tua graça me é dada. Eu a reivindico agora.
18. (169) Pela graça, eu vivo. Pela graça, eu sou liberado.
19. (170) Não há crueldade em Deus nem em mim.

Revisão

20. (171) Revisão das lições praticadas dias 31 de maio e 1º de junho:
    151. Todas as coisas são ecos da Voz de Deus.
    152. O poder de decisão é meu.
21. (172) Revisão das lições praticadas dias 2 e 3 de junho:
    153. A minha segurança está em ser sem defesas.
    154. Eu estou entre os ministros de Deus.
22. (173) Revisão das lições praticadas dias 4 e 5 de junho:
    155. Recuarei e permitirei que Ele me mostre o caminho.
    156. Caminho com Deus em perfeita santidade.
23. (174) Revisão das lições praticadas dias 6 e 7 de junho:
    157. Quero entrar na Sua Presença agora.
    158. Hoje, aprendo a dar como recebo.
24. (175) Revisão das lições praticadas dias 8 e 9 de junho:
    159. Dou os milagres que tenho recebido.
    160. Estou em casa. O medo é o estranho aqui.
25. (176) Revisão das lições praticadas dias 10 e 11 de junho:
    161. Dá-me a tua bênção, Filho santo de Deus.
    162. Eu sou como Deus me criou.
26. (177) Revisão das lições praticadas dias 12 e 13 de junho:
    163. Não há morte. O Filho de Deus é livre.
    164. Agora, somos um com Aquele que é a nossa Fonte.
27. (178) Revisão das lições praticadas dias 14 e 15 de junho:
    165. Que a minha mente não negue o Pensamento de Deus.
    166. As dádivas de Deus me são confiadas.
28. (179) Revisão das lições praticadas dias 16 e 17 de junho:
    167. Só existe uma vida, e eu a compartilho com Deus.
    168. A Tua graça me é dada. Eu a reivindico agora.
29. (180) Revisão das lições praticadas dias 18 e 19 de junho:
    169. Pela graça, eu vivo. Pela graça, eu sou liberado.
    170. Não há crueldade em Deus nem em mim.
30. (181) Confio em meus irmãos, que são um comigo.

Orientações do Mestre Saint Germain
para cada dia do mês de junho

1 (152)

O poder de decisão é meu.

....

"Quando a Sintonia perfeita ocorre no Poder da Alma, a vida flui com naturalidade, sem esforço."

2 (153)

A minha segurança está em ser sem defesas.

....

"Aceitar o fluxo normal da Vida e permitir-se entregar-se ao momento presente é a forma mais simples de não criar resistência ao ego-personalidade."

3 (154)

Eu estou entre os ministros de Deus.

....

"Cada ser representa o Sagrado, a essência da Criação. É hora de assumir a responsabilidade do que sois, sendo exemplos vivos da Criação."

4 (155)

Recuarei e permitirei que Ele me mostre o caminho.

....

"Abandonar a sintonia do ego e aliar-se ao Poder da Alma é a forma de concretizar o Plano Divino agora."

5 (156)

Caminho com Deus em perfeita santidade.

....

"Aceitar o Sagrado em cada momento é sintonizar-se apenas com o Verdadeiro — o Plano da Perfeição em ação."

6 (157)

Quero entrar na Sua Presença agora.

....

"Determinar-se a caminhar no Sagrado é a principal decisão para abrir caminhos."

7 (158)

Hoje, aprendo a dar como recebo.

....

"A vida reflete atitudes, pensamentos e energias. Quanto mais vossas ações estiverem centradas na Luz da Verdade, maiores serão os frutos."

8 (159)

Dou os milagres que tenho recebido.

....

"Compartilhar é o principal verbo do Universo, a troca de energia pura, que atrai mais Graças e Bênçãos a cada instante de vossa evolução."

9 (160)

Estou em casa. O medo é o estranho aqui.

....

"Sentir-se confortável na sintonia com os Milagres e com o Poder do Espírito Santo é a forma mais pura e sublime de se viver a Verdade."

10 (161)

Dá-me a tua bênção, Filho santo de Deus.

....

"Reconhecer o Poder Crístico do Filho de Deus é assumir que vós sois o Cristo em ação."

11 (162)

Eu sou como Deus me criou.

....

"O Plano Divino é Perfeito. Aceitai a Perfeição agora."

12 (163)

Não há morte. O Filho de Deus é livre.

....

"Os ciclos da Vida apontam caminhos de crescimento. O objetivo do Plano Divino é a evolução constante. Crenças aprisionam, o silêncio mental liberta."

13 (164)

Agora, somos um com Aquele que é a nossa Fonte.

....

"Unir-se e Reconhecer a Sabedoria Divina é a única forma de encontrar a Verdade da Unidade Infinita."

14 (165)

Que a minha mente não negue o Pensamento de Deus.

....

"Aceitar caminhar com o Plano da Perfeição reflete a totalidade do Poder da Maestria. Com disciplina, ancorareis o Poder da Mente Crística, sem divisões, e que projeta apenas o Plano de Deus."

15 (166)

As dádivas de Deus me são confiadas.

....

"Todos recebem Bênçãos todos os dias. Basta reconhecer o Poder de Deus em ação para refletir a totalidade do Plano Divino na Terra agora."

16 (167)

Só existe uma vida, e eu a compartilho com Deus.

....

"Aceitar a Luz e o Poder da Perfeição ancora os dons que retornam à Fonte e equilibram a Vida."

17 (168)

A Tua graça me é dada.
Eu a reivindico agora.

....

"Tomar decisões na Luz do Espírito Santo é a forma de ancorar Graças e viver em plenitude."

18 (169)

Pela graça, eu vivo.
Pela graça, eu sou liberado.

....

"A Liberdade é o reflexo do sentimento de leveza criado pela sintonia com os Milagres diários, que geram o Verdadeiro Estado de Graça."

19 (170)

Não há crueldade em Deus nem em mim.

....

"O ego-personalidade é o único que cria situações limitadoras. Reconhecer o Poder de Deus a cada dia é a maneira de reafirmar a Sintonia em viver a Graça da Vida."

Revisão

Os próximos dez dias serão dedicados à revisão das últimas vinte lições; por isso, de 20 a 29 de junho serão apresentadas duas lições por dia. A cada dia, então, você terá as duas lições a serem revisadas, seguidas da orientação do Mestre Saint Germain.

De acordo com o livro *Um Curso em Milagres*, a ideia é que você dedique pelo menos 15 minutos do dia a cada lição (leitura e reflexão sobre a ideia central da lição), e depois, ao longo do dia, dedique alguns períodos curtos, de 3 ou 4 minutos, a cada uma delas. E a revisão deve ser precedida do seguinte pensamento:

Pai-Nosso, firma os nossos pés. Que as nossas dúvidas se aquietem e que as nossas mentes santas tenham serenidade, e fala conosco.

Nós não temos palavras para dar a Ti. Queremos apenas escutar o Teu Verbo e fazê-lo nosso.

Conduz a nossa prática como um pai conduz uma criança pequena ao longo de um caminho que ela não compreende. Mas ela segue, certa de que está a salvo, porque é seu pai quem lhe mostra o caminho.

Assim, trazemos a Ti a nossa prática. E se tropeçarmos, Tu nos erguerás. Se esquecermos o caminho, contamos com a Tua lembrança que não falhará. Nós nos desviaremos, mas Tu não esquecerás de nos chamar de volta.

Apressa os nossos passos agora, para que possamos andar em direção a Ti com maior certeza e rapidez. E aceitamos o Verbo que nos ofereces para unificar a nossa prática à medida que revisamos os pensamentos que nos tens dado.

20 (171)

Revisão das lições praticadas dias 31 de maio e 1º de junho:

151. Todas as coisas são ecos da Voz de Deus.
152. O poder de decisão é meu.

"Todas manifestações em cada realidade são projeções da Mente Crística de Deus. Cabe a cada um decidir erguer o véu da ilusão do ego e aceitar apenas a Vida de Plenitude e Bênçãos."

21 (172)

Revisão das lições praticadas dias 2 e 3 de junho:

153. A minha segurança está em ser sem defesas.
154. Eu estou entre os ministros de Deus.

"Longe das artimanhas do ego, caminhareis com segurança, sendo exemplos vivos do Poder de Deus em ação e agindo em comunhão com o 'Ser' e não com o 'Ter'."

22 (173)

Revisão das lições praticadas dias 3 e 4 de junho:

155. Recuarei e permitirei que Ele me mostre o caminho.
156. Caminho com Deus em perfeita santidade.

• • • • • • • • • • • • • • • • •

"Reconhecer e afastar a influência do ego e escolher sintonizar-se com o Poder Divino revelará o Sagrado em todas as situações de vossas Vidas."

23 (174)

Revisão das lições praticadas dias 5 e 6 de junho:

157. Quero entrar na Sua Presença agora.
158. Hoje, aprendo a dar como recebo.

• • • • • • • • • • • • • • • • •

"Mergulhar na totalidade da Presença EU SOU do Poder Divino é reafirmar a Chama do agir em reciprocidade com o fluir do Poder do Amor Incondicional."

24 (175)

Revisão das lições praticadas dias 7 e 8 de junho:

159. Dou os milagres que tenho recebido.
160. Estou em casa. O medo é o estranho aqui.

• • • • • • • • • • • • • • • • •

"Compartilhar Milagres é reconhecer a sintonia perfeita com o único caminho que existe: a Luz do Amor de Deus em ação em todas as situações e frequências vibracionais e em todas as formas de vida e dimensões existentes."

25 (176)

Revisão das lições praticadas dias 9 e 10 de junho:

    161. Dá-me a tua bênção, Filho santo de Deus.
    162. Eu sou como Deus me criou.

• • • • • • • • • • • • • • • • •

"Aceitar a plenitude da bênção Divina é a chave para manifestar Milagres."

26 (177)

Revisão das lições praticadas dias 11 e 12 de junho:

    163. Não há morte. O Filho de Deus é livre.
    164. Agora, somos um com Aquele que é a nossa Fonte.

• • • • • • • • • • • • • • • • •

"Sentir o pulsar do coração em sintonia com os batimentos cardíacos de vossa Mãe Terra é viver a totalidade da Presença EU SOU em ação."

27 (178)

Revisão das lições praticadas dias 13 e 14 de junho:

    165. Que a minha mente não negue o Pensamento de Deus.
    166. As dádivas de Deus me são confiadas.

• • • • • • • • • • • • • • • • •

"Sintonizar-se na chama da Perfeição de Deus traz o Poder de manifestar amplamente o Plano individual da Perfeição agora."

28 (179)

Revisão das lições praticadas dias 15 e 16 de junho:

    167. Só existe uma vida, e eu a compartilho com Deus.
    168. A Tua graça me é dada. Eu a reivindico agora.

"Escolher viver em plenitude é a base de uma vida plena de bênçãos e manifestações compartilhada com Deus e reconhecendo que tudo o que é Vida pertence à mesma Fonte."

29 (180)

Revisão das lições praticadas dias 17 e 18 de junho:

    169. Pela graça, eu vivo. Pela graça, eu sou liberado.
    170. Não há crueldade em Deus nem em mim.

"Abrir a mente em sintonia com o coração traz o reconhecimento de que o Plano Divino é o Poder de Unidade da linguagem Universal — o Amor."

30 (181)

Confio em meus irmãos, que são um comigo.

"Entregar-se sem medo (que é o argumento do ego para criar limites) ao fluir da vida é reconhecer que todos os reinos — mineral, vegetal, animal e hominal — são parte da Criação Divina e que todos são UM SÓ na Luz da Verdade e do Amor Incondicional."

DISSE O MESTRE JESUS:

"A Presença Eu Sou é a verdadeira joia da vossa Vida. É a conexão direta com o Poder Supremo de Deus que ancora as energias de Bem-Aventurança e a consolidação de vossos ideais.

Abri vossas conexões com esse Poder e permiti que Bênçãos de Luz jorrem em vossas Vidas agora, visualizando todos os dias, acima de vossas cabeças, um grande sol dourado que manifesta e ancora a Chama da Perfeição de Deus-Pai-Mãe em ação".

Julho[8]

Considerações Iniciais

No mês de julho, trabalharemos com as lições 182 a 212 do livro *Um Curso em Milagres*:
- As lições 182 a 200 (dias 1º a 19 de julho) são novas;
- As lições 201 a 212 (dias 19 a 29 de junho) são dedicadas à revisão das lições praticadas no dia 30 de junho e 1º a 11 de julho.

Lições contidas no livro *Um Curso em Milagres*

1. (182) Eu me aquietarei por um momento e irei para casa.
2. (183) Invoco o Nome de Deus e o meu próprio.
3. (184) O nome de Deus é a minha herança.
4. (185) Quero a paz de Deus.
5. (186) A salvação do mundo depende de mim.
6. (187) Abençoo o mundo, pois abençoo a mim mesmo.
7. (188) A paz de Deus está brilhando em mim agora.
8. (189) Sinto o Amor de Deus dentro de mim agora.
9. (190) Escolho a alegria de Deus ao invés da dor.
10. (191) Eu sou o próprio Filho Sagrado de Deus.
11. (192) Tenho uma função que Deus quer que eu cumpra.
12. (193) Todas as coisas são lições que Deus quer que eu aprenda.
13. (194) Entrego o futuro nas Mãos de Deus.
14. (195) O Amor é o caminho que sigo com gratidão.

---

8. Os números entre parênteses referem-se à numeração das lições no livro *Um Curso em Milagres*.

15. (196) Só posso crucificar a mim mesmo.
16. (197) O que eu ganho só pode ser a minha própria gratidão.
17. (198) Só a minha condenação me fere.
18. (199) Eu não sou um corpo. Eu sou livre.
19. (200) Não há paz exceto a paz de Deus.

Revisão

20. (201) Revisão da lição praticada dia 30 de junho:
    181. Confio em meus irmãos, que são um comigo.
21. (202) Revisão da lição praticada dia 1º de julho:
    182. Eu me aquietarei por um momento e irei para casa.
22. (203) Revisão da lição praticada dia 2 de julho:
    183. Invoco o Nome de Deus e o meu próprio.
23. (204) Revisão da lição praticada dia 3 de julho:
    184. O Nome de Deus é minha herança.
24. (205) Revisão da lição praticada dia 4 de julho:
    185. Quero a paz de Deus.
25. (206) Revisão da lição praticada dia 5 de julho:
    186. A salvação do mundo depende de mim.
26. (207) Revisão da lição praticada dia 6 de julho:
    187. Abençoo o mundo, pois abençoo a mim mesmo.
27. (208) Revisão da lição praticada dia 7 de julho:
    188. A paz de Deus está brilhando em mim agora.
28. (209) Revisão da lição praticada dia 8 de julho:
    189. Sinto o Amor de Deus dentro de mim agora.
29. (210) Revisão da lição praticada dia 9 de julho:
    190. Escolho a alegria de Deus ao invés da dor.
30. (211) Revisão da lição praticada dia 10 de julho:
    191. Eu sou o próprio Filho Sagrado de Deus.
31. (212) Revisão da lição praticada dia 11 de julho:
    192. Tenho uma função que Deus quer que eu cumpra.

Orientações do Mestre Saint Germain
para cada dia do mês de julho

1 (182)

Eu me aquietarei por um momento e irei para casa.

"Centrar-se no Poder do Coração, em sintonia com a Presença EU SOU, é o caminho mais rápido para ancorar o Poder do Silêncio Interno, no qual se encontra a essência da Alma."

2 (183)

Invoco o Nome de Deus e o meu próprio.

"Reconhecer que a Individualidade é o reflexo do Poder da Alma é a maneira mais rápida para manifestar a PAZ por meio do som que ressoa com a essência."

3 (184)

O nome de Deus é a minha herança.

"Todos foram criados à imagem e semelhança Divina. Aceitar a Perfeição em todos os aspectos como herança Divina é a maneira de cocriar mais Luz."

4 (185)

Quero a paz de Deus.

"Decidir mudar e escolher um caminho diferente é assumir a sintonia de viver a PAZ."

5 (186)

A salvação do mundo depende de mim.

• • • • • • • • • • • • • • • •

"Cada um é responsável por curar as manipulações e sabotagens impostas pelo ego incutido na mente racional. Curando a mente a vida flui naturalmente."

6 (187)

Abençoo o mundo, pois abençoo a mim mesmo.

• • • • • • • • • • • • • • • •

"Reconhecer a Unidade da Vida é a chave mais segura para reencontrar o Poder da Alma centrado no Coração. A Vida reflete as escolhas e sintonias de cada ser."

7 (188)

A paz de Deus está brilhando em mim agora.

• • • • • • • • • • • • • • • •

"Afirmar o Poder da Paz é criar oportunidades para brilhar a Luz Própria."

8 (189)

Sinto o Amor de Deus dentro de mim agora.

• • • • • • • • • • • • • • • •

"Abrir-se para expandir o potencial da Alma é encontrar a essência da Vida, que é o Amor."

9 (190)

Escolho a alegria de Deus ao invés da dor.

••••••••••••••••

"Tudo é questão de DECISÃO. Decidir caminhar na Luz do Amor é a maneira mais eficaz para manifestar Milagres."

10 (191)

Eu sou o próprio Filho Sagrado de Deus.

••••••••••••••••

"Afirmar a conexão com o Divino torna as escolhas sagradas, e milagres ocorrem no instante sagrado."

11 (192)

Tenho uma função que Deus quer que eu cumpra.

••••••••••••••••

"Despertar para a missão individual é afirmar a Vontade Divina na Terra agora."

12 (193)

Todas as coisas são lições que Deus quer que eu aprenda.

••••••••••••••••

"Diante dos problemas e bloqueios criados pela própria mente, a saída é aceitar e agradecer a oportunidade de crescimento na escada da evolução."

13 (194)

Entrego o futuro nas Mãos de Deus.

••••••••••••••••

"Confiar e sintonizar o Plano Divino é a base para a manifestação da Felicidade e dos Milagres."

14 (195)

O Amor é o caminho que sigo com gratidão.

••••••••••••••••

"Permitir que o Poder da Alma atue em todas as situações é a maneira de ancorar a Chama da Perfeição. A Gratidão abre todas as portas para as Manifestações."

15 (196)

Só posso crucificar a mim mesmo.

....

"A mente racional condena; a mente Crística liberta. Sintonizar a Mente Crística é permitir novos caminhos em sintonia com o Poder maior da Luz."

16 (197)

O que eu ganho só pode ser a minha própria gratidão.

....

"Em sintonia com o Plano Divino não existe cobrança, mas a percepção verdadeira em sintonia com virtudes crísticas que manifestam a Unidade."

17 (198)

Só a minha condenação me fere.

....

"A culpa provém do ego, que reside na mente racional. Escolher viver em sintonia com a Mente Crística Perfeita, na qual reside o Espírito Santo, é o caminho para Viver em Paz."

18 (199)

Eu não sou um corpo. Eu sou livre.

....

"Aceitar que a Alma é responsável pelo corpo, e não o contrário, é a única forma de ancorar as bênçãos deste Novo Tempo de Liberdade Mental; a partir de pensamentos claros, puros e concisos atraireis e cocriareis novas realidades."

19 (200)

Não há paz exceto a paz de Deus.

"Somente em sintonia com a Chama do Poder de Deus ireis reencontrar a Força da Perfeição. A Paz é Força Curativa."

Revisão

Os próximos 12 dias serão dedicados à revisão das últimas 12 lições.

Diferentemente dos meses anteriores, em que revisávamos duas lições a cada dia, agora será apenas uma por dia, e a ideia é praticá-la com a maior frequência possível. O que se pede no livro *Um Curso em Milagres* é que se dedique não menos do que 15 minutos de manhã e 15 minutos à noite a cada lição, e que se lembre dela e se tente colocá-la em prática, pelo menos, a cada hora no decorrer do dia. De acordo com o livro, cada lição revisada com esse afinco é o bastante para liberarmos a nós mesmos e ao mundo de tudo o que nos aprisiona, e para convidar a memória de Deus a vir outra vez.

Durante toda essa revisão existe um tema central, que é:

Eu não sou um corpo. Eu sou livre, pois ainda sou como Deus me criou.

Então, a cada dia, cada lição revisada deverá começar e terminar com esse tema central. A ideia é que o dia comece e termine com esse tema central.

O que se pretende com isso?

Pretende-se que, a cada hora, nos lembremos de que temos uma função que transcende o mundo que vemos, e que abandonemos tudo o que atravanca a mente e a torna surda à razão e à simples verdade. E quando pensamentos intrusos tentarem atravancar a mente, a orientação é que neguemos o controle deles sobre nós e digamos isso à nossa mente, substituindo o pensamento intruso pelo tema central, o que pode ser feito da seguinte forma:

Não quero esse pensamento.
Em vez dele, escolho:
Eu não sou um corpo. Eu sou livre, pois ainda sou como Deus
me criou.

20 (201)

Revisão da lição praticada dia 30 de junho:

Eu não sou um corpo. Eu sou livre, pois ainda sou como Deus me criou.

> 181. Confio em meus irmãos, que são um comigo.

Eu não sou um corpo. Eu sou livre, pois ainda sou como Deus me criou.

....

"Aceitar a Unidade da Vida é fortalecer o elo de amor entre os seres viventes. Exercitar a Fé é o caminho para a Manifestação."

21 (202)

Revisão da lição praticada dia 1º de julho:

Eu não sou um corpo. Eu sou livre, pois ainda sou como Deus me criou.

> 182. Eu me aquietarei por um momento e irei para casa.

Eu não sou um corpo. Eu sou livre, pois ainda sou como Deus me criou.

....

"Apesar dos apelos e ilusões criados pelo ego, a decisão de viver em sintonia com o Poder da Alma estabelece o caminho para as Manifestações na Luz do Silêncio."

22 (203)

Revisão da lição praticada dia 2 de julho:

Eu não sou um corpo. Eu sou livre, pois ainda sou como Deus me criou.

> 183. Invoco o Nome de Deus e o meu próprio.

Eu não sou um corpo. Eu sou livre, pois ainda sou como Deus me criou.

"A mente criativa precisa criar novos hábitos, reconhecendo que os limites impostos são apenas ilusões refletidas pelo ego. Afirmar e reconhecer o Poder de Deus é o caminho mais fácil para atrair a Luz da Perfeição."

23 (204)

Revisão da lição praticada dia 3 de julho:

Eu não sou um corpo. Eu sou livre, pois ainda sou como Deus me criou.

184. O Nome de Deus é minha herança.

Eu não sou um corpo. Eu sou livre, pois ainda sou como Deus me criou.

· · · · · · · · · · · · · · · · ·

"O inconsciente coletivo criou hábitos e realidades manipulativas. Afirmar a conexão com o Divino é a maneira de expressar a totalidade da Verdade da Vida."

24 (205)

Revisão da lição praticada dia 4 de julho:

Eu não sou um corpo. Eu sou livre, pois ainda sou como Deus me criou.

185. Quero a paz de Deus.

Eu não sou um corpo. Eu sou livre, pois ainda sou como Deus me criou.

· · · · · · · · · · · · · · · · ·

"Retornar ao princípio da Criação é admitir a chama do ponto central da Força Divina que gera Paz e Igualdade entre Seres e Dimensões."

25 (206)

Revisão da lição praticada dia 5 de julho:

Eu não sou um corpo. Eu sou livre, pois ainda sou como Deus me criou.

186. A salvação do mundo depende de mim.

Eu não sou um corpo. Eu sou livre, pois ainda sou como Deus me criou.

· · · · · · · · · · · · · · · · ·

"Assumir a responsabilidade perante escolhas individuais e pensamentos é a maneira mais consciente e eficaz para criar novas realidades agora."

26 (207)

Revisão da lição praticada dia 6 de julho:

Eu não sou um corpo. Eu sou livre, pois ainda sou como Deus me criou.

187. Abençoo o mundo, pois abençoo a mim mesmo.

Eu não sou um corpo. Eu sou livre, pois ainda sou como Deus me criou.

• • • • • • • • • • • • • • • • •

"O Poder da Bênção Manifesta Milagres a cada dia de vossas evoluções. Abençoar significa abrir o chacra cardíaco no centro do peito e projetar Luz Curativa a todos os seres durante o tempo todo de vossas evoluções."

27 (208)

Revisão da lição praticada dia 7 de julho:

Eu não sou um corpo. Eu sou livre, pois ainda sou como Deus me criou.

188. A paz de Deus está brilhando em mim agora.

Eu não sou um corpo. Eu sou livre, pois ainda sou como Deus me criou.

• • • • • • • • • • • • • • • • •

"Reconhecer que a Divindade mora dentro do corpo e é Onipresente a cada instante é aceitar a Luz que resplandece seu fulgor a cada momento sagrado e opera Milagres."

28 (209)

Revisão da lição praticada dia 8 de julho:

Eu não sou um corpo. Eu sou livre, pois ainda sou como Deus me criou.

189. Sinto o Amor de Deus dentro de mim agora.

Eu não sou um corpo. Eu sou livre, pois ainda sou como Deus me criou.

....

"*A Respiração e o Silêncio caminham juntos. Em profundo reconhecimento da intensidade do Poder do Amor, ireis renascer para a Chama Crística da Vida em vossa Alma.*"

29 (210)

Revisão da lição praticada dia 9 de julho:

Eu não sou um corpo. Eu sou livre, pois ainda sou como Deus me criou.

190. Escolho a alegria de Deus ao invés da dor.

Eu não sou um corpo. Eu sou livre, pois ainda sou como Deus me criou.

....

"*O Livre-arbítrio é a base da Vida. Escolher Luz e Milagres é Direito Divino de todos os Filhos da LUZ.*"

30 (211)

Revisão da lição praticada dia 10 de julho:

Eu não sou um corpo. Eu sou livre, pois ainda sou como Deus me criou.

191. Eu sou o próprio Filho Sagrado de Deus.

Eu não sou um corpo. Eu sou livre, pois ainda sou como Deus me criou.

....

"*Como um Ser Sagrado, a mente incorpora a consciência de SER ILIMITADO. Aceitai ser o Poder da Presença EU SOU em ação.*"

31 (212)

Revisão da lição praticada dia 11 de julho:

Eu não sou um corpo. Eu sou livre, pois ainda sou como Deus me criou.

192. Tenho uma função que Deus quer que eu cumpra.

Eu não sou um corpo. Eu sou livre, pois ainda sou como Deus me criou.

"Reconhecer que Milagres ocorrem somente em sintonia com a Alma, e não com a mente, é a chave para manifestar vossas missões individuais."

DISSE O MESTRE JESUS:

"Milagres ancoram as frequências da harmonia almejada por todos os seres.

Corações e mentes sintonizados no poder da Unidade reconhecem a vida a cada instante sagrado que manifesta o milagre da renovação na Luz da pureza do amor incondicional em ação".

Agosto[9]

Considerações Iniciais

No mês de agosto, trabalharemos com as lições 213 a 243 do livro *Um Curso em Milagres*.

• As lições 213 a 220 (dias 1º a 8 de agosto) completam a revisão iniciada dia 20 de julho, e as lições 221 a 243 (de 9 a 31 de agosto) são novas.

Nova fase

A partir do dia 9 de agosto iniciaremos a Parte II do Livro de Exercício de *Um Curso em Milagres*. Isso significa que a partir dessa data teremos um tema central a cada dez dias e as devidas instruções de como lidar com esse tema. Assim, no dia 9 de agosto teremos a introdução do primeiro tema e suas respectivas instruções; no dia 19 de agosto, a introdução do segundo tema e suas instruções; e no dia 29 de agosto, a introdução do terceiro tema com suas instruções.

Iniciemos, então, um primeiro contato com as lições, para que, nas páginas seguintes, como de costume, tenhamos as orientações do Bem-Amado Mestre Saint Germain para cada uma delas.

Lições contidas no livro *Um Curso em Milagres*

1. (213) Revisão da lição praticada dia 12 de julho:
    193. Todas as coisas são lições que Deus quer que eu aprenda.

---

9. Os números entre parênteses referem-se à numeração das lições no livro *Um Curso em Milagres*.

2. (214) Revisão da lição praticada dia 13 de julho:
    194. Entrego o futuro nas Mãos de Deus.
3. (215) Revisão da lição praticada dia 14 de julho:
    195. O Amor é o caminho que sigo com gratidão.
4. (216) Revisão da lição praticada dia 15 de julho:
    196. Só posso crucificar a mim mesmo.
5. (217) Revisão da lição praticada dia 16 de julho:
    197. O que eu ganho só pode ser a minha própria gratidão.
6. (218) Revisão da lição praticada dia 17 de julho:
    198. Só a minha condenação me fere.
7. (219) Revisão da lição praticada dia 18 de julho:
    199. Eu não sou um corpo. Eu sou livre.
8. (220) Revisão da lição praticada dia 19 de julho:
    200. Não há paz exceto a paz de Deus.
9. (221) Que a paz esteja em minha mente. Que todos os meus pensamentos se aquietem.
10. (222) Deus está comigo. Eu vivo e me movimento Nele.
11. (223) Deus é a minha vida. Não tenho outra vida senão a Dele.
12. (224) Deus é o meu Pai e Ele ama o Seu Filho.
13. (225) Deus é o meu Pai e Seu Filho O ama.
14. (226) O meu lar me espera. Eu me apresso para voltar a ele.
15. (227) Esse é o meu instante sagrado de liberação.
16. (228) Deus não me condenou. Eu também não me condeno.
17. (229) O Amor que me criou é o que eu sou.
18. (230) Agora eu quero buscar e encontrar a paz de Deus.
19. (231) Pai, minha única vontade é lembrar-me de Ti.
20. (232) Que estejas em minha mente, meu Pai, durante todo o dia.
21. (233) Hoje dou a minha vida a Deus para que Ele a guie.
22. (234) Pai, hoje volto a ser o Teu Filho.
23. (235) É Vontade de Deus, em Sua misericórdia, que eu seja salvo.
24. (236) Eu reino sobre a minha mente, onde só eu devo reinar.
25. (237) Agora quero ser como Deus me criou.
26. (238) Toda salvação depende da minha decisão.
27. (239) A glória do meu Pai é minha.
28. (240) O medo não se justifica de forma alguma.
29. (241) A salvação veio nesse Instante Sagrado.
30. (242) Esse dia é de Deus. É a minha dádiva a Ele.
31. (243) Hoje não julgarei nada do que acontecer.

Orientações do Mestre Saint Germain
para cada dia do mês de agosto

1 (213)

Revisão da lição praticada dia 12 de julho:

Eu não sou um corpo. Eu sou livre, pois ainda sou como Deus me criou.

193. Todas as coisas são lições que Deus quer que eu aprenda.

Eu não sou um corpo. Eu sou livre, pois ainda sou como Deus me criou.

"Realidades são projeções mentais. De acordo com escolhas conscientes, somente situações positivas ocorrem."

2 (214)

Revisão da lição praticada dia 13 de julho:

Eu não sou um corpo. Eu sou livre, pois ainda sou como Deus me criou.

194. Entrego o futuro nas Mãos de Deus.

Eu não sou um corpo. Eu sou livre, pois ainda sou como Deus me criou.

"Confiar no Poder Supremo do Grande Arquiteto dos Universos em expansão é saborear as cocriações do dia a dia fundamentadas na Fé e na Leveza de Ser."

3 (215)

Revisão da lição praticada dia 14 de julho:

Eu não sou um corpo. Eu sou livre, pois ainda sou como Deus me criou.

195. O Amor é o caminho que sigo com gratidão.

Eu não sou um corpo. Eu sou livre, pois ainda sou como Deus me criou.

*"Renascer na Luz do Amor é afirmar a conexão
com o Eu Divino. Somente nessa sintonia
a vida flui em Perfeição e Harmonia."*

4 (216)

Revisão da lição praticada dia 15 de julho:

Eu não sou um corpo. Eu sou livre, pois ainda sou como Deus me criou.

196. Só posso crucificar a mim mesmo.

Eu não sou um corpo. Eu sou livre, pois ainda sou como Deus me criou.

. . . .

*"O ego é responsável pelos sentimentos que aprisionam. É momento
de Transformar o ego."*

5 (217)

Revisão da lição praticada dia 16 de julho:

Eu não sou um corpo. Eu sou livre, pois ainda sou como Deus me criou.

197. O que eu ganho só pode ser a minha própria gratidão.

Eu não sou um corpo. Eu sou livre, pois ainda sou como Deus me criou.

. . . .

*"Reconhecer o Poder Individual é ancorar a Chama da Vida centrada
no Coração."*

6 (218)

Revisão da lição praticada dia 17 de julho:

Eu não sou um corpo. Eu sou livre, pois ainda sou como Deus me criou.

198. Só a minha condenação me fere.

Eu não sou um corpo. Eu sou livre, pois ainda sou como Deus me criou.

. . . .

"O ego é responsável pelo sofrimento. Transmutar o ego em Luz é a principal tarefa deste momento de Transformação Individual e Planetária."

7 (219)

Revisão da lição praticada dia 18 de julho:

Eu não sou um corpo. Eu sou livre, pois ainda sou como Deus me criou.

199. Eu não sou um corpo. Eu sou livre.

Eu não sou um corpo. Eu sou livre, pois ainda sou como Deus me criou.

· · · · · · · · · · · · · · · · ·

"Aceitar a Liberdade Mental é a forma de reafirmar a conexão com o Poder da Alma."

8 (220)

Revisão da lição praticada dia 19 de julho:

Eu não sou um corpo. Eu sou livre, pois ainda sou como Deus me criou.

200. Não há paz exceto a paz de Deus.

Eu não sou um corpo. Eu sou livre, pois ainda sou como Deus me criou.

· · · · · · · · · · · · · · · · ·

"A Paz é o reconhecimento de que todas as Virtudes Sagradas vertem para a Fonte Criadora: Deus-Pai-Mãe, o Grande Arquiteto dos Universos em expansão."

Parte II

Segundo o livro *Um Curso em Milagres*, a partir de agora as palavras significarão pouco, pois a busca então passa a ser da experiência direta com a verdade. É desse ponto que se começa a alcançar a meta estabelecida para o curso.

De agora em diante, haverá um pensamento central a cada dez lições e esse pensamento deve ser usado para dar início aos momentos de descanso, pois não é o caso mais de se contentar apenas com a prática das lições que restam para concluir esse ano dedicado a Deus. Então, a qualquer hora do dia, sintonize-se com o pensamento central correspondente àquele dia e espere que a Paz de Deus se manifeste.

A necessidade da prática começa a chegar ao fim quando se percebe que basta chamar a Deus que todas as tentações desaparecerão.

Em vez de palavras, sinta o Amor de Deus.

No lugar de orações, invoque o seu Sagrado Nome.

Em vez de julgar, aquiete-se e deixe todas as coisas serem curadas.

Aceite o modo como o Plano de Deus finaliza as coisas, assim como você aceitou o modo como Ele as iniciou.

Faça isso e tudo se completará. Todavia, as palavras continuarão sendo úteis, e sempre, antes do início de um novo tema ou pensamento central, serão dadas orientações específicas sobre ele, como iniciamos a seguir.

Tema central 1 – "o que é o perdão?"

O perdão reconhece que aquilo que pensamos que alguém nos fez não aconteceu. O perdão não é o ato de perdoar os pecados, tornando-os reais, mas de enxergar que não existiu pecado e, portanto, eles são todos perdoados. Pode parecer irreal essa ideia, mas o pecado nada mais é do que uma ideia falsa sobre um Filho de Deus, e o perdão consiste em enxergar essa falsidade e em abandoná-la.

Um pensamento que não perdoa é aquele que acredita em projeções feitas a partir de julgamentos, e quando isso acontece, a mente permanece fechada e não liberada.

Um pensamento que não perdoa persegue uma meta ativa e freneticamente, distorcendo e derrubando tudo o que vê como empecilho ao atalho que escolheu. Ele deturpa tudo e se lança em tentativas furiosas de esmagar a realidade.

O perdão, por sua vez, é quieto e, na quietude, nada faz. Não ofende a realidade nem busca distorcê-la para que se encaixe naquilo que lhe agrada. Então, quando estiver em um pensamento de perdão, não se queixe de nada e deixe que o perdão lhe mostre o que fazer por meio Daquele que é o seu Guia, o seu Salvador e Protetor.

9 (221)

Que a paz esteja em minha mente. Que todos os meus pensamentos se aquietem.

•••••••••••••••••

"Encontrar DEUS no Silêncio é a forma de reconhecer Seu Poder Ilimitado e Atemporal."

10 (222)

Deus está comigo. Eu vivo e me movimento Nele.

•••••••••••••••••

"Reconhecer que todas as situações são criações Divinas e entregar-se somente ao Plano da Perfeição é ancorar a Força da Unidade e permitir-se fluir, aceitando o curso da Vida."

11 (223)

Deus é a minha vida. Não tenho outra vida senão a Dele.

•••••••••••••••••

"Entregar o Poder Pessoal à Fonte Divina — Deus — é confiar que tudo será harmonioso e Perfeito."

12 (224)

Deus é o meu Pai e Ele ama o Seu Filho.

•••••••••••••••••

"Sentir o afago sincero de Pai para Filho é abrir-se para receber bênçãos na Luz do Amor Incondicional."

13 (225)

Deus é o meu Pai e Seu Filho O ama.

•••••••••••••••••

"Elevar o pensamento, aliado ao sentimento do mais puro Amor, é reafirmar o Poder da Unidade da Vida."

14 (226)

O meu lar me espera. Eu me apresso para voltar a ele.

• • • • • • • • • • • • • • • •

"Em sintonia com a Harmonia interna, ireis reencontrar o Poder de atrair a Chama da Verdade que flui em vossas Vidas agora."

15 (227)

Esse é o meu instante sagrado de liberação.

• • • • • • • • • • • • • • • •

"Aproveitai cada momento como a única oportunidade de Transformação e Mudança. Focar a atenção no ETERNO AGORA OPERA MILAGRES."

16 (228)

Deus não me condenou. Eu também não me condeno.

• • • • • • • • • • • • • • • •

"Deus criou seus Filhos à Sua Imagem e Semelhança, frutos da Perfeição. A condenação provém do ego, que é criação humana. Aproximai-vos da Chama da Pureza da Alma e reencontrareis o Poder de Viver a Felicidade Plena."

17 (229)

O Amor que me criou é o que eu sou.

• • • • • • • • • • • • • • • •

"A essência da Alma é a Luz do Amor Incondicional — Fonte Criadora de todas as Manifestações que refletem o Poder da Presença EU SOU."

18 (230)

Agora eu quero buscar e encontrar a paz de Deus.

• • • • • • • • • • • • • • • •

"Decidir mudar é questão de escolha pessoal. No momento certo, retornareis à Fonte, que é Deus. "

Tema central 2 – "O que é a salvação?"

A salvação é uma promessa feita por Deus de que encontraremos, finalmente, o caminho até Ele, e essa promessa não deixará de ser cumprida.

No instante em que a mente do Filho de Deus pensou em guerra, Ele lhe deu o Pensamento da Paz. Antes disso, não havia necessidade de tal pensamento, pois a paz apenas existia, sem nada a contrapor-se a ela. Mas quando a mente se dividiu, a cura se fez necessária, e o Pensamento que tem o poder de curar a divisão se tornou parte de cada fragmento da mente, que, embora permanecendo una, deixou de reconhecer a própria unicidade.

Quando a mente se diviviu, ela não mais se reconhecia e pensou que havia perdido a própria identidade.

A salvação é um "desfazer", no sentido de que nada faz para apoiar o mundo de sonhos. Assim, ela afasta as ilusões, abandonando-as ao pó.

Com a salvação, o que estava oculto passa a ser revelado, e o que se revela é um altar para o Sagrado Nome de Deus, onde se encontram todas as dádivas do perdão e o mais importante: a lembrança de Deus.

A ideia é ir diariamente a "esse lugar Sagrado" e passar algum tempo ali, imersos no perdão e na lembrança de Deus, deixando a terra nascer com uma nova perspectiva e a noite desaparecer até que se chegue à Luz.

19 (231)

Pai, minha única vontade é lembrar-me de Ti.

"Quanto mais silêncio sintonizado no Poder de Deus, mais Força Criadora será liberada, fortalecendo a conexão com a Mente Divina que tudo VÊ e MANIFESTA."

20 (232)

Que estejas em minha mente, meu Pai, durante todo o dia.

"Invocar a Presença Divina é a chave para atrair somente o Bem. Como disse Mestre Jesus, 'Batei e a Porta vos será aberta'."

21 (233)

Hoje dou a minha vida a Deus para que Ele a guie.

· · · · · · · · · · · · · · · ·

"Aceitar que Deus está no controle é a forma de manifestar Milagres a cada instante. Confiar o Poder Individual à Fonte Divina é receber manifestações."

22 (234)

Pai, hoje volto a ser o Teu Filho.

· · · · · · · · · · · · · · · ·

"Decidir retornar à Fonte é a âncora para novos recomeços."

23 (235)

É Vontade de Deus, em Sua misericórdia, que eu seja salvo.

· · · · · · · · · · · · · · · ·

"Deus provê a cura do ego-personalidade todos os dias; basta enxergar as possibilidades e as bênçãos para recebê-las."

24 (236)

Eu reino sobre a minha mente, onde só eu devo reinar.

· · · · · · · · · · · · · · · ·

"A Mente Crística é responsável por todas as cocriações. Sintonizar-se nela é a forma de assumir o poder individual perante as próximas escolhas e pensamentos."

25 (237)

Agora quero ser como Deus me criou.

· · · · · · · · · · · · · · · ·

"Decidir ser a Perfeição em ação é o Caminho para ancorar a Unidade de toda a Vida."

26 (238)

Toda salvação depende da minha decisão.

· · · · · · · · · · · · · · · ·

"O livre-arbítrio determina o momento de cada um escolher transmutar o ego em Luz."

27 (239)

A glória do meu Pai é minha.

....

"Sintonizar-se no Plano da Perfeição de Deus é reafirmar o Reino de Deus na Terra agora."

28 (240)

O medo não se justifica de forma alguma.

....

"O medo é a artimanha do ego para afastar o Milagre da Vida e a Felicidade. Na Luz do Espírito Santo e do Curso em Milagres, o medo não existe, é apenas projeção e ilusão criadas pela mente racional manipulativa, que deve ser transmutada rapidamente, de acordo com a Consciência Individual."

TEMA CENTRAL 3 – "O QUE É O MUNDO?"

Quando o pensamento da separação for mudado para um verdadeiro pensamento de perdão, o mundo será visto sob uma luz que conduz à verdade, na qual o mundo todo terá de desaparecer, assim como todos os erros terão de sumir. Isso é muito simples de se entender: quando a fonte do erro terminar, os efeitos dela desaparecerão.

Aqui, os olhos enganam e os ouvidos ouvem o que é falso, e como não há mais a Certeza de Deus, os erros passaram a existir. No lugar da Certeza nasceram os mecanismos da ilusão, cujo propósito é buscar meios de provar que a ilusão é real. Nessa busca, os mecanismos da ilusão veem nas ilusões apenas uma base na qual a verdade existe, mantida separada da mentira, que, contudo continua sendo ilusão, separada da verdade.

Siga a Luz de Deus e veja o mundo tal como ele o contempla.

Ouça a Voz Dele em tudo o que fala com você.

Deixe que Ele lhe dê a paz e a certeza que foram perdidas, mas que o Céu preservou Nele e está lhe dando a oportunidade de ter de volta.

29 (241)

A salvação veio nesse Instante Sagrado.

· · · · · · · · · · · · · · · · ·

"Aceitar e reconhecer a cura do ego é a atitude correta de quem opera Milagres."

30 (242)

Esse dia é de Deus. É a minha dádiva a Ele.

· · · · · · · · · · · · · · · · ·

"Oferecer o dia, o instante e a Vida a Deus é a forma segura de trilhar o caminho suave na Mãe Terra, amparados pelo Poder Supremo da Criação."

31 (243)

Hoje não julgarei nada do que acontecer.

· · · · · · · · · · · · · · · · ·

"Mudar hábitos é crescer. Reconhecer o Poder da Unidade da Vida é a forma de atrair a Totalidade da Perfeição de Deus, que se reflete em tudo o tempo todo."

DISSE O MESTRE JESUS:

"Quando a percepção se abre e sintoniza o poder do coração, Milagres emergem e iluminam as formas--pensamentos adormecidas.

Que possais silenciar-vos e encontrar no âmago de vossos corações a chama Divina da Perfeição e da Unidade, o bálsamo que tudo cura e provê.

A disciplina é necessária na prática do silêncio diário e, assim, encontrareis a Força da Luz que opera Milagres a cada instante de vossas evoluções.

Setembro[10]

Considerações Iniciais

No mês de setembro, trabalharemos com as lições 244 a 273 do livro *Um Curso em Milagres*.

Como explicado no capítulo anterior, no mês de agosto iniciamos a Parte II do Livro de Exercício de *Um Curso em Milagres*, que nos coloca um tema central a cada dez dias. Então, as lições do dia 1º ao dia 7 de setembro completam os dez dias do tema central "O que é o mundo?", introduzido em 29 de agosto. E os próximos temas centrais deste mês serão introduzidos nos dias 8, 18 e 28 de setembro.

Iniciemos, então, um primeiro contato com as lições, para que, nas páginas seguintes, como de costume, tenhamos as orientações do Bem-Amado Mestre Saint Germain para cada uma delas.

Lições contidas no livro *Um Curso em Milagres*

1. (244) Em nenhum lugar do mundo eu estou em perigo.

2. (245) Pai, a Tua paz está comigo. Estou a salvo.

3. (246) Amar o meu Pai é amar o Seu Filho.

4. (247) Sem perdão ainda serei cego.

5. (248) Tudo o que sofro não faz parte de mim.

6. (249) O perdão põe fim a todo sofrimento e a toda perda.

---

10. Os números entre parênteses referem-se à numeração das lições no livro *Um Curso em Milagres*.

7. (250) Que eu não me veja como um ser limitado.

8. (251) Não preciso de nada além da verdade.

9. (252) O Filho de Deus é a minha Identidade.

10. (253) Quem rege o universo é o meu Ser.

11. (254) Que se aquietem todas as vozes em mim, exceto a de Deus.

12. (255) Escolho passar esse dia em perfeita paz.

13. (256) Hoje, Deus é a minha única meta.

14. (257) Que eu me lembre de qual é o meu propósito.

15. (258) Que eu me lembre de que a minha meta é Deus.

16. (259) Que eu me lembre de que não existe pecado.

17. (260) Que eu me lembre de que Deus me criou.

18. (261) Deus é o meu refúgio e a minha segurança.

19. (262) Que eu não perceba diferenças hoje.

20. (263) A minha visão sagrada vê todas as coisas puras.

21. (264) Eu estou cercado pelo amor de Deus.

22. (265) Eu só vejo a gentileza da criação.

23. (266) O meu Ser Sagrado habita em tu, Filho de Deus.

24. (267) O meu coração está pulsando na paz de Deus.

25. (268) Que todas as coisas sejam exatamente como são.

26. (269) A minha visão é dirigida para contemplar a face de Cristo.

27. (270) Hoje não usarei os olhos do corpo.

28. (271) A visão de Cristo é o que usarei hoje.

29. (272) Como podem as ilusões satisfazer o Filho de Deus?

30. (273) A quietude da paz de Deus é minha.

Orientações do Mestre Saint Germain para cada dia do mês de setembro

1 (244)

Em nenhum lugar do mundo eu estou em perigo.

"Centrar a Atenção e a Força na Alma é a certeza de viver em segurança, em sintonia com o Coração de Amor."

2 (245)

Pai, a Tua paz está comigo. Estou a salvo.

"Aceitar a PAZ de Deus é refletir o Poder Ilimitado do Universo e viver acima das situações do mundo tridimensional."

3 (246)

Amar o meu Pai é amar o Seu Filho.

"A Unidade da Vida se espelha no Poder da glória da Luz refletida na pureza da Alma do Criador, a qual se estende a Jesus que representa todos os Filhos de Deus."

4 (247)

Sem perdão ainda serei cego.

"O Perdão é a chave para a Felicidade e Maestria."

5 (248)

Tudo o que sofre não faz parte de mim.

"Sofrimento é criação do ego-personalidade. Admitir que limites existem é reconhecer que o ego tem poder sobre a Vida. Mudando pensamentos e atitudes, criareis novas realidades ILIMITADAS agora."

6 (249)

O perdão põe fim a todo sofrimento e a toda perda.

．．．．．．．．．．．．．．．．．

"Perdoar é Amar Incondicionalmente, sem prejulgamento ou comparação. É a principal chave para a Maestria Individual."

7 (250)

Que eu não me veja como um ser limitado.

．．．．．．．．．．．．．．．．．

"Admitir o Poder da Alma vibrando em sintonia com a Mente Crística que rege a Vida é a âncora deste novo tempo de cocriações ilimitadas."

Lembrete

De agora em diante, haverá um pensamento central a cada dez lições e esse pensamento deve ser usado para dar início aos momentos de descanso... A qualquer hora do dia, sintonize-se com o pensamento central correspondente àquele dia e espere que a Paz de Deus se manifeste.

Em vez de palavras, sinta o Amor de Deus.

No lugar de orações, invoque o seu Sagrado Nome.

Em vez de julgar, aquiete-se e deixe todas as coisas serem curadas.

Aceite o modo como o Plano de Deus finaliza as coisas, assim como você aceitou a forma como Ele as iniciou. Faça isso e tudo se completará.

Tema central 4 – "O que é o pecado?"

Pecado é um tipo de insanidade. É o meio pelo qual a mente busca deixar que as ilusões tomem o lugar da verdade. E assim, induzida, a mente vê ilusões onde deveria existir apenas verdade.

O pecado é o lar de todas as ilusões que só representam coisas imaginárias, geradas por pensamentos que não são verdadeiros.

Os pecados tentam provar que aquilo que não tem realidade é real, que a intemporalidade tem de ter um fim, e que a vida não é eterna. No entanto, o pecado não passa de um jogo infantil.

E enquanto o Filho de Deus "brinca" que existe em uma realidade para ser percebida com os sentidos do corpo, que vive em um tempo finito em que existem o mal e a culpa e que um dia irá morrer, seu Pai o ilumina e o ama com um Amor eterno que nada poderá modificar. Então, não seria mais fácil o Filho de Deus deixar de lado essa "brincadeira" e voltar para casa?

O pecado não existe. Por que continuar protelando a volta ao Céu?

8 (251)

Não preciso de nada além da verdade.

"A Verdade é o reflexo do Poder de Deus que abraça cada ser com um fragmento que mostra as lições e as virtudes a serem aprendidas e exercitadas — facetas da mesma chama da Luz no espelho que reflete o Amor de Deus a seus filhos."

9 (252)

O Filho de Deus é a minha Identidade.

"Reconhecer que Jesus foi criado à imagem e semelhança de Deus e que também sois filhos de Deus é aceitar operar Milagres e Manifestar Graças e Bênçãos em vossas Vidas agora."

10 (253)

Quem rege o universo é o meu Ser.

....

"Entregar-se ao fluir da Vida, em reconhecimento que tudo é reflexo da essência da Alma, fortalece cada ser a criar um novo caminho de Luz no comando da Presença EU SOU em ação."

11 (254)

Que se aquietem todas as vozes em mim,
exceto a de Deus.

....

"Quando a Vontade de aquietar o ego surge, a mente Crística assume a totalidade do corpo e da Vida e tudo se encaixa sem esforço."

12 (255)

Escolho passar esse dia em perfeita paz.

....

"Centrar-se na Presença Eu Sou é a chave para deixar-se fluir em PAZ no ciclo da vida. Tudo é questão de decisão: felicidade, amor, PAZ... Basta invocar a Virtude Divina para que ela seja uma realidade em vossas Vidas agora."

13 (256)

Hoje, Deus é a minha única meta.

....

"O Poder Supremo do Grande Arquiteto dos Universos abre todos os portais e dimensões todos os dias, para que cada ser encontre novas diretrizes.
Espelhar-se no Poder Supremo de Deus é a forma mais segura de ancorar a chama da objetividade e da concretização."

14 (257)

Que eu me lembre de qual é o meu propósito.

• • • • • • • • • • • • • • • • •

"Sintonizar-se no Poder da Alma é abrir as possibilidades para encontrar as chaves da Unidade e da Perfeição."

15 (258)

Que eu me lembre de que a minha meta é Deus.

• • • • • • • • • • • • • • • • •

"Centrar-se na Mente Crística é fortalecer a conexão com a Verdade que tudo abrange, com o Poder Supremo de Deus em tudo e em todos."

16 (259)

Que eu me lembre de que não existe pecado.

• • • • • • • • • • • • • • • • •

"Pecado é escolha do ego-personalidade. Erguer-se acima do ego é acionar o potencial da Mente Crística em ação."

17 (260)

Que eu me lembre de que Deus me criou.

• • • • • • • • • • • • • • • • •

"Todos os Seres foram criados à imagem e semelhança da Perfeição do Criador. Quando cada ser humano assume a postura e a responsabilidade em viver como um Ser Crístico, imbuído de qualidades Divinas e da Chama da Unidade, ele desperta o inconsciente e permite que a Perfeição venha à tona, possibilitando Manifestações Divinas em todos os aspectos da Vida."

TEMA CENTRAL 5 – "O QUE É O CORPO?"

O corpo é uma cerca que o Filho de Deus imagina ter construído para proteger o seu Ser. É dentro dessa cerca que ele pensa viver em segurança. Ele considera que essa "cerca", que é o seu corpo, é a sua própria segurança, e assim ele permanece dentro do corpo e deixa o amor do lado de fora.

O corpo não perdurará, mas o Filho de Deus vê nisso uma dupla segurança, pois a impermanência do corpo é a "prova" de que a sua ilusão de finitude é real e que não existe a unicidade.

O corpo é um sonho, e como outros sonhos, às vezes parece retratar felicidade e às vezes pode retroceder para o medo, que é de onde surgem todos os sonhos. Sim, os sonhos surgem do medo, pois o amor só cria em verdade e a verdade nunca tem medo. Mas o corpo é também o meio pelo qual o Filho de Deus pode retornar à sanidade, pois ele é Sagrado.

O Filho de Deus se sente uno com aquilo que pensa ser a sua segurança. E a segurança está na verdade, não em mentiras. A segurança é o amor. O medo não existe.

Identifica-te com o amor e estarás seguro.

Identifica-te com o amor e estarás em casa.

Identifica-te com o amor e encontrarás o teu Ser.

18 (261)

Deus é o meu refúgio e a minha segurança.

"Sintonizar-se com a Fonte Divina é a forma plena de vivenciar a Plenitude da Felicidade."

19 (262)

Que eu não perceba diferenças hoje.

"Quando cada ser centra sua atenção em Deus e age em sintonia com a Mente Crística, todas as chaves da Ascensão se abrem para mostrar que no Plano Divino tudo é Perfeito e UNO."

20 (263)

A minha visão sagrada vê todas as coisas puras.

"Em sintonia com o Poder do Espírito Santo, a Mente Crística vê e atrai a Pureza da Vida."

21 (264)

Eu estou cercado pelo amor de Deus.

"Reconhecer que o Amor flui em todos os Seres e Reinos o tempo todo é potencializar a Chama da Manifestação dos Milagres a cada dia."

22 (265)

Eu só vejo a gentileza da criação.

"A Suavidade e a Harmonia dos Elementos da Natureza — Fogo, Terra, Água, Ar e Éter — auxiliam no processo da Vida. Sendo gentis na forma de pensar e agir, encontrareis o bálsamo da fonte da Criação."

23 (266)

O meu Ser Sagrado habita em tu, Filho de Deus.

"Deus vos fala em todos os momentos da Vida; basta abrir a mente e o Coração para ouvir a Manifestação de um novo ciclo de Luz enraizado no Poder Supremo da Criação."

24 (267)

O meu coração está pulsando na paz de Deus.

"Viver em PAZ e sentir os batimentos cardíacos em sincronicidade com o pulsar do Coração da Mãe Terra é agir em plenitude, comungando com o Silêncio de Deus."

25 (268)

Que todas as coisas sejam exatamente como são.

"Tentar mudar o Plano Divino é atitude do ego-personalidade. Aceitar os desígnios da Fonte Criadora é fortalecer o Caminho Uno das Manifestações."

26 (269)

A minha visão é dirigida para contemplar a face de Cristo.

....

"Ajustar os sentidos em sintonia com o Poder da mente Crística em ação, morada do Espírito Santo em vós, é fortalecer o caminho da verdade, que só vê o Perfeito e o Sagrado em tudo e em todos."

27 (270)

Hoje não usarei os olhos do corpo.

....

"Decidir enxergar com os olhos da Alma é a forma Sábia de encontrar a totalidade da essência de cada ser em ação em todas as situações da Vida."

TEMA CENTRAL 6 – "O QUE É O CRISTO?"

Cristo é o Filho de Deus tal como Ele O Criou. É o ser que compartilhamos, unindo-nos uns aos outros e também a Deus. Cristo é o elo que nos mantém unidos a Deus e garante que a separação não passa de uma ilusão, pois a esperança habitará para sempre Nele. Cristo é a parte em que está a Resposta de Deus, onde todas as decisões já foram tomadas e os sonhos já acabaram. Embora o Pai tenha depositado no Cristo os meios para a nossa salvação, o Cristo continua sendo o Ser Que, como o Pai, desconhece o pecado.

Lar do Espírito Santo, o Cristo permanece em paz dentro do Céu da nossa mente sagrada. Essa é a única parte de nós que é de fato real. O resto são sonhos, mas estes são dados a Cristo, para que se desvaneçam diante da Sua Glória e enfim nos revelem o nosso Ser Sagrado, o Cristo em nós.

A partir do Cristo em nós, o Espírito Santo alcança todos os nossos sonhos e pede que venham a Ele para serem traduzidos em verdade. O Espírito Santo trocará esses sonhos pelo sonho final, que Deus designou como o fim dos sonhos, pois quando o perdão descansar sobre o mundo e a paz tiver vindo a todos os Filhos de Deus, o que mais poderia haver para manter as coisas separadas, já que o que resta para ser visto é apenas a face de Cristo? Portanto, busquemos encontrar a face de Cristo e não olhar para mais nada. Quando contemplarmos a Sua glória, teremos o conhecimento que prescinde de aprendizado, de percepção ou de tempo ou de qualquer outra coisa, exceto do Ser Sagrado, o Cristo que Deus criou como Seu Filho.

28 (271)

A visão de Cristo é o que usarei hoje.

"Assumir a totalidade da essência Crística e sintonizar-se apenas com o Plano da Perfeição é o caminho mais curto para encontrar o Cristo Vivo em todas as atitudes e futuras escolhas mais conscientes."

29 (272)

Como podem as ilusões satisfazer o Filho de Deus?

"Negar as artimanhas do ego, que se apresentam de forma confusa, é centrar o Poder da Unidade de Deus, que reconhece apenas a energia CRÍSTICA em todos os Seres."

30 (273)

A quietude da paz de Deus é minha.

"Aceitar caminhar com Cristo e agir em sintonia com a Consciência Crística é afirmar o Poder da Paz em ação em todas as dimensões da Mente Humana que se torna a Mente Crística em ação."

DISSE O MESTRE JESUS:

"Ascensão é a meta da Vida na Mãe Terra. Significa estar livre das ilusões da mente e sintonizar a raiz da Alma em conexão com a Presença EU SOU em ação.
Nesta sintonia, Renascereis para um novo ciclo de Luz, Amor, Perfeição e Unidade.

Outubro[11]

Considerações Iniciais

Neste mês de outubro, trabalharemos as lições 274 a 304 do livro *Um Curso em Milagres*.

Como explicado no capítulo anterior, no mês de agosto iniciamos a Parte II do Livro de Exercícios de *Um Curso em Milagres*, que nos coloca um tema central a cada dez dias. Então, as lições do dia 1º ao dia 7 de outubro completam os dez dias do tema central "O que é o Cristo?", introduzido em 28 de setembro. E os próximos temas centrais deste mês serão introduzidos nos dias 8, 18 e 28 de outubro.

Iniciemos, então, um primeiro contato com as lições, para que nas páginas seguintes, como de costume, tenhamos as orientações do Bem-Amado Mestre Saint Germain para cada uma delas.

Lições contidas no livro *Um Curso em Milagres*

1. (274) O dia de hoje pertence ao Amor. Que eu não tenha medo.

2. (275) A Voz de Deus, que traz a cura, protege todas as coisas hoje.

3. (276) O Verbo de Deus me é dado para manifestar em palavras.

4. (277) Que eu não prenda o Teu Filho com as leis que fiz.

5. (278) Se sou limitado, o meu Pai é livre.

6. (279) A liberdade da criação promete a minha própria liberdade.

---

11. Os números entre parênteses referem-se à numeração das lições no livro *Um Curso em Milagres*.

7. (280) Que limites posso estabelecer para o Filho de Deus?

8. (281) Nada pode me ferir, exceto os meus pensamentos.

9. (282) Hoje eu não terei medo do amor.

10. (283) A minha verdadeira identidade habita em Ti.

11. (284) Posso escolher mudar todos os pensamentos que ferem.

12. (285) Hoje o meu Eu Sagrado brilha luminoso e claro.

13. (286) Hoje, o silêncio do Céu abraça o meu coração.

14. (287) Tu és a minha meta, meu Pai. Apenas Tu.

15. (288) Que hoje eu esqueça o passado do meu irmão.

16. (289) O passado acabou. Ele não pode me tocar.

17. (290) A minha felicidade presente é tudo o que eu vejo.

18. (291) Esse é um dia de serenidade e paz.

19. (292) O final feliz de todas as coisas é certo.

20. (293) Todo o medo passou e só o amor está aqui.

21. (294) O meu corpo é uma coisa totalmente neutra.

22. (295) Hoje, o Espírito Santo olha através de mim.

23. (296) Hoje, o Espírito Santo fala através de mim.

24. (297) O perdão é a única dádiva que eu dou.

25. (298) Pai, eu Te amo e amo o Teu Filho.

26. (299) Meu Eu Sagrado Eterno habita em mim.

27. (300) Esse mundo só dura um instante.

28. (301) E o próprio Deus enxugará todas as lágrimas.

29. (302) Onde havia escuridão, eu contemplo a luz.

30. (303) Hoje, o Cristo Sagrado nasceu em mim.

31. (304) Que o meu mundo não me impeça de enxergar Cristo.

Orientações do Mestre Saint Germain
para cada dia do mês de outubro

1 (274)

O dia de hoje pertence ao Amor. Que eu não tenha medo.

* * *

"Quando a Mente Crística assume a totalidade da existência, o Amor se torna a única expressão do Divino e Sagrado em vós."

2 (275)

A Voz de Deus, que traz a cura, protege todas as coisas hoje.

* * *

"Em sintonia com a Perfeição do Grande Arquiteto dos Universos em expansão, manifestareis equilíbrio e Milagres a cada instante de vossas evoluções."

3 (276)

O Verbo de Deus me é dado para manifestar em palavras.

* * *

"A ciência da palavra falada manifesta realidades. Palavras positivas criam, palavras negativas destroem. Proferir palavras de Sabedoria que refletem a Verdade de cada um é a âncora para criar novas chaves e todos reconhecem que são Unos no Poder de Deus."

4 (277)

Que eu não prenda o Teu Filho com as leis que fiz.

* * *

"O ego cria prisões desnecessárias, transmutar essas barreiras é a forma de viver as Leis Universais de UNIDADE."

5 (278)

Se sou limitado, o meu Pai é livre.

* * *

"Em sintonia com a Mente de Deus, projetareis sonhos que se tornarão realidade. A Liberdade começa na mente; quando sois livres para pensar, sois livres para MANIFESTAR."

6 (279)
A liberdade da criação promete a minha própria liberdade.

....

"Reconhecer que são as leis Universais e o Poder de Deus que regem a Vida (e não as escolhas do ego) é o caminho mais fácil para atingir a manifestação de sonhos e ideais."

7 (280)
Que limites posso estabelecer para o Filho de Deus?

....

"Deus e Seu Filho são ILIMITADOS, assim como vós tambem sois. Assumir a responsabilidade em ser e agir como um Semideus em ação, por meio das escolhas centradas na Mente Crística, é a postura adequada para manifestar uma Nova Vida de Plenitude e Felicidade."

Lembrete

Lembre-se de que estamos trabalhando com um pensamento central a cada dez lições e que esse pensamento deve ser usado para dar início aos momentos de descanso... A qualquer hora do dia, sintonize-se com o pensamento central correspondente àquele dia e espere que a Paz de Deus se manifeste.

Em vez de palavras, sinta o Amor de Deus.

No lugar de orações, invoque o Seu Sagrado Nome.

Em vez de julgar, aquiete-se e deixe todas as coisas serem curadas.

Aceite o modo como o Plano de Deus finaliza as coisas, assim como você aceitou a forma como Ele as iniciou. Faça isso e tudo se completará.

Tema central 7 – "o que é o espírito santo?"

O Espírito Santo é um mediador entre as ilusões e a verdade. Como Ele tem de fazer uma ponte sobre a brecha que existe entre a realidade e os sonhos, a percepção conduz ao conhecimento pela graça que Deus deu a Ele para que fosse a Sua dádiva a todos aqueles que se voltam para Ele em busca da verdade.

Todos os sonhos são carregados para a verdade por meio da ponte que Ele provê, para serem dissipados diante da luz do conhecimento.

A meta que o ensinamento do Espírito Santo estabelece é apenas o fim dos sonhos. O aprendizado, do modo como o Espírito Santo o orienta para o resultado que Ele percebe, vem a ser o meio para ir além do próprio aprendizado, a fim de ser substituído pela Verdade Eterna.

O Espírito Santo compreende os meios pelos quais queremos alcançar para sempre o que é inalcançável.

O Espírito Santo é um chamado do Amor para o Amor.

O Espírito Santo é a Sua dádiva, pela qual a quietude do Céu é restituída ao amado Filho de Deus.

8 (281)

Nada pode me ferir, exceto os meus pensamentos.

....

"Reconhecer o limite imposto pelo ego na mente é a forma de se libertar do caos e distorções da Verdade."

9 (282)

Hoje eu não terei medo do amor.

....

"Viver o Amor é a forma de comunhão com o Poder de Deus, que tudo cura e provê a cada instante de vossas evoluções."

10 (283)

A minha verdadeira identidade habita em Ti.

....

"Refletir o Poder Ilimitado da Criação de Deus é a chave para ancorar a Luz da Sabedoria que compartilha as Virtudes Crísticas da Perfeição."

11 (284)

Posso escolher mudar todos os pensamentos que ferem.

....

"Tudo é questão de decisão e escolha. Meditar e esvaziar a mente são formas saudáveis e hábitos positivos que constroem novas realidades a partir de vossas novas posturas perante os pensamentos que determinam como viver a Vida de forma diferente."

12 (285)

Hoje, meu Eu Sagrado brilha luminoso e claro.

"Aproximar-se da Partícula Divina é a melhor segurança que desenvolvereis, reconhecendo que o Poder da Alma é que rege a Vida e não mais as artimanhas e ilusões criadas pelo ego."

13 (286)

Hoje, o silêncio do Céu abraça o meu coração.

"Enxergar além do plano físico e permitir-se comungar com os preceitos da Criação são a base deste novo Tempo de Novas Escolhas. No mergulho verdadeiro em vossas mentes, sentireis a Verdade e sabereis quem rege vossas escolhas: o ego ou o Espírito Santo que reside em vossa Mente Crística."

14 (287)

Tu és a minha meta, meu Pai. Apenas Tu.

"Com objetivos claros na mente Crística, reconhecereis o Poder Supremo de Deus que abençoa e ilumina cada instante de vossas evoluções."

15 (288)

Que hoje eu esqueça o passado do meu irmão.

"Perdoar é esquecer e reiniciar novas escolhas centradas apenas nas situações do eterno agora. A comparação cria sofrimento e provém do ego.

É hora de erguer o véu e enxergar além das ilusões humanas, aceitando apenas o Plano da Perfeição Divina como realidade em vossas Vidas Agora."

16 (289)

O passado acabou. Ele não pode me tocar.

....

"Viver o Eterno Agora é reconhecer ilimitadas possibilidades de Milagres e Bênçãos a cada instante de vossas evoluções. Ninguém muda o passado, mas podeis criar um novo futuro por intermédio de vossas escolhas conscientes a cada momento de vossas evoluções."

17 (290)

A minha felicidade presente é tudo o que eu vejo.

....

"Centrar a atenção em situações positivas é a melhor forma de criar novas perspectivas e realidades, concentrando-se no AGORA, enxergando apenas a Verdade, a Luz, a Perfeição, a Abundância."

Tema central 8 – "o que é o mundo real?"

O mundo real é um símbolo, como tudo o que a percepção oferece, mas representa o oposto daquilo que fazemos. O mundo real não pode ser percebido a não ser pelos olhos que o perdão abençoa.

O mundo real tem uma contrapartida para cada pensamento infeliz refletido em nosso mundo; uma correção certa para as cenas de medo e para os sons de batalha que o nosso mundo contém. O mundo real mostra um mundo visto de modo diferente, por meio de olhos serenos e com a mente em paz. Nele só há decanso, e o que vemos é gentil. Apenas cenas e sons felizes podem alcançar a mente que perdoou a si mesma.

O mundo real é o símbolo de que o sonho do pecado e da culpa terminou e que o Filho de Deus está desperto. Assim, seus olhos percebem o reflexo seguro do Amor de seu Pai. O mundo real significa o fim do tempo, pois percebê-lo faz que o tempo não tenha nenhum propósito.

O Espírito Santo não tem necessidade de tempo, uma vez que esse já tenha servido ao Seu propósito. Agora, Ele só espera por aquele único instante a mais para que Deus dê o Seu passo final e o tempo desapareça, levando consigo a percepção e deixando apenas a verdade para ser ela mesma. Esse instante é a nossa meta, pois contém a memória de Deus.

18 (291)

Esse é um dia de serenidade e paz.

•••••••••••••••••

"Escolher viver em plenitude fundamenta a energia de vosso dia a dia. Ao iniciar o dia, que possais sintonizar o Poder Supremo da Criação de Deus."

19 (292)

O final feliz de todas as coisas é certo.

•••••••••••••••••

"Deus cria de forma Perfeita e Ilimitada. Aceitar essa Verdade é o caminho para fortalecer a chama da manifestação desta Nova Era da Luz mediante escolhas e caminhos conscientes, que se iniciam na mente individual.
Aceitai o Poder da Mente Crística em ação agora."

20 (293)

Todo o medo passou e só o amor está aqui.

•••••••••••••••••

"Não existe separação no mundo de Deus, apenas nas escolhas do ego. Centrar-se no Amor é a forma de reencontrar a Chama da Sabedoria que retorna, trazendo todas as dádivas e bênçãos dos Universos."

21 (294)

O meu corpo é uma coisa totalmente neutra.

•••••••••••••••••

"O corpo é o veículo da Alma, a chama que ancora o Poder Divino e expressa as Virtudes Perfeitas da Criação."

22 (295)

Hoje, o Espírito Santo olha através de mim.

•••••••••••••••••

"Aceitar a Vida regida apenas em sintonia com o Espírito Santo é a base para reconhecer o Verdadeiro Caminho da Leveza e Plenitude."

23 (296)

Hoje, o Espírito Santo fala através de mim.

• • • • • • • • • • • • • • • •

"Silenciar quando as palavras não são positivas é a melhor forma de permitir que a Chama da Luz atue em vossas Vidas por meio do Milagre da Vida, que se expressa em sintonia com o Espírito Santo a cada alvorecer."

24 (297)

O perdão é a única dádiva que eu dou.

• • • • • • • • • • • • • • • •

"Perdoar é a chave para criar um novo caminho, coroado de bênçãos e manifestações. Escolher perdoar é o caminho mais rápido para ancorar a Perfeição de Deus na Terra agora."

25 (298)

Pai, eu Te amo e amo o Teu Filho.

• • • • • • • • • • • • • • • •

"Entregar-se ao Poder Supremo de Deus-Pai-Mãe é alicerçar a chama da Vida, que retorna e encontra a Força da Luz e da Unidade expressando o Amor Incondicional a cada instante. Aquele que verdadeiramente ama, opera Milagres."

26 (299)

Meu Eu Eterno Sagrado habita em mim.

• • • • • • • • • • • • • • • •

"Reconhecer que sois sagrados ancorará a chama da Perfeição, que reflete em vosso olhar e cria um novo mundo de Paz."

27 (300)

Esse mundo só dura um instante.

• • • • • • • • • • • • • • • •

"Viver o INSTANTE SAGRADO é a segurança para manifestar Milagres a cada momento de vossas evoluções. Prestar atenção em

cada instante possibilita a cocriação de novas situações em vossas Vidas agora."

Tema central 9 – "O que é a segunda vinda?"

A Segunda Vinda de Cristo é apenas a correção de erros e a volta da sanidade. É parte da condição que restitui o que nunca foi perdido e restabelece o que é para sempre e eternamente verdadeiro.

É a natureza toda abrangente da Segunda Vinda de Cristo que nos permite abraçar o mundo e nos mantermos a salvo no interior do seu gentil Advento, que encerra todas as coisas vivas conosco.

Não há fim para a liberação que a Segunda Vinda traz, assim como a criação de Deus tem de ser sem limites. O perdão ilumina o caminho da Segunda Vinda, pois brilha sobre tudo como um só, e assim a unicidade é reconhecida.

A segunda vinda é o momento em que todas as mentes são entregues nas mãos de Cristo para serem devolvidas ao espírito em nome da verdadeira criação e da Vontade de Deus.

A Segunda Vinda é o único evento no tempo que o próprio tempo não pode afetar, pois cada um que um dia esteve aqui, que ainda virá para cá ou que está aqui agora, todos serão igualmente liberados do que fizeram.

Nessa igualdade, Cristo é restabelecido como uma só Identidade, na Qual os Filhos de Deus reconhecem que são um só. E Deus sorri a Seu Filho, Sua única criação e Sua única alegria.

Para que a Segunda Vinda seja logo, não devemos descansar.

Ela precisa dos nossos olhos, ouvidos, mãos e pés.

Ela precisa da nossa voz e, acima de tudo, da nossa disponibilidade.

28 (301)

E o próprio Deus enxugará todas as lágrimas.

* * * * * * * * * * * * * * * *

"Só existe conforto em Deus. No Poder do Amor Incondicional Daquele que tudo cria, reconhecereis o potencial da Verdadeira Mudança em vossas Vidas agora."

29 (302)

Onde havia escuridão, eu contemplo a luz.

"A Mente Crística enxerga novas percepções da Perfeição, que refletem as qualidades Divinas: Amor, Luz, Abundância, Cura... Transmutando percepções do ego, encontrareis a Chama da Verdade, que é Luz."

30 (303)

Hoje, o Cristo Sagrado nasceu em mim.

"Aceitar o Eu Crístico, que assume a totalidade de vossas escolhas perante a Vida, é renascer e viver de forma plena a cada instante sagrado."

31 (304)

Que o meu mundo não me impeça de enxergar Cristo.

"Tudo é questão de livre-arbítrio. Transmutando as escolhas do ego no passado, fortalecereis o Novo Caminho de Unidade Infinita com o vosso Cristo que renasce a cada alvorecer. Quem escolhe a sintonia do ego não enxerga o Poder Ilimitado da Mente Crística que opera Milagres a cada instante em ação."

DISSE O MESTRE JESUS:

"Curar a Mente Dividida entre medo e amor é a principal tarefa a ser realizada agora, transformando escolhas passadas e ancorando a atenção no instante sagrado que manifesta Milagres a cada momento. Deus é Perfeição, Deus é Amor, Deus é Luz. Todos são criações de Deus, reflexos do Amor e da Fonte Divina que tudo provê. Com Fé e abraçando essa Verdade, enxergareis vossos novos caminhos de Luz".

Novembro[12]

Considerações Iniciais

Neste mês de novembro, trabalharemos as lições 305 a 334 do livro *Um Curso em Milagres*.

Como explicado nos capítulos anteriores, no mês de agosto iniciamos a Parte II do Livro de Exercícios de *Um Curso em Milagres*, que nos coloca um tema central a cada dez dias. Então, as lições do dia 1º ao dia 6 de novembro completam os dez dias do tema central "O que é o Cristo?", introduzido em 28 de outubro. E os próximos temas centrais deste mês serão introduzidos nos dias 7, 17 e 27 de novembro.

Iniciemos, então, um primeiro contato com as lições, para que nas páginas seguintes, como de costume, tenhamos as orientações do Bem-Amado Mestre Saint Germain para cada uma delas.

Lições contidas no livro *Um Curso em Milagres*

1. (305) Há uma paz que Cristo nos concede.

2. (306) A dádiva de Cristo é tudo o que busco hoje.

3. (307) Desejos conflitantes não podem ser a minha vontade.

4. (308) Este instante é o único tempo que existe.

5. (309) Hoje não terei medo de olhar para dentro.

6. (310) Passo o dia de hoje sem medo e com amor.

7. (311) Julgo todas as coisas como quero que sejam.

---

12. Os números entre parênteses referem-se à numeração das lições no livro *Um Curso em Milagres*.

8. (312) Vejo todas as coisas como quero que sejam.

9. (313) Que uma nova percepção venha a mim agora.

10. (314) Busco um futuro diferente do passado.

11. (315) Todas as dádivas que os meus irmãos dão me pertencem.

12. (316) Todas as dádivas que dou aos meus irmãos são minhas.

13. (317) Sigo o caminho que me foi designado.

14. (318) Em mim, o meio e o fim da salvação são um só.

15. (319) Eu vim para a salvação do mundo.

16. (320) Meu Pai dá todo o poder a mim.

17. (321) Pai, a minha liberdade está unicamente em Ti.

18. (322) Só posso desistir do que nunca foi real.

19. (323) Faço o "sacrifício" do medo de bom grado.

20. (324) Eu meramente sigo, pois não quero conduzir.

21. (325) Todas as coisas que penso ser refletem ideias.

22. (326) Eu Sou para sempre um Efeito de Deus.

23. (327) Só preciso chamar e Tu me responderás.

24. (328) Eu escolho o segundo lugar para ganhar o primeiro.

25. (328) Eu já escolhi aquilo que é a Tua Vontade.

26. (330) Eu não me ferirei novamente hoje.

27. (331) Não há conflito, pois a minha vontade é a Tua.

28. (332) O medo limita o mundo. O perdão o liberta.

29. (333) Aqui o perdão põe fim ao sonho de conflito.

30. (334) Hoje reivindico as dádivas que o perdão dá.

Orientações do Mestre Saint Germain para cada dia do mês de novembro

1 (305)

Há uma paz que Cristo nos concede.

"Sintonizar no Poder da Luz de Cristo desperta a Consciência Crística."

2 (306)

A dádiva de Cristo é tudo o que busco hoje.

"Só existe Paz e Plenitude na sintonia com o poder do Cristo em ação."

3 (307)

Desejos conflitantes não podem ser a minha vontade.

"Quando a mente crística reconhece as artimanhas da mente consciente, a Alma se ocupa de reger as novas escolhas da vida."

4 (308)

Esse instante é o único tempo que existe.

"Concentrar-se no momento presente é a forma mais segura de viver em equilíbrio e segurança. O Eterno Agora é o lar constante do Milagre Eterno."

5 (309)

Hoje não terei medo de olhar para dentro.

"Decidir encarar limitações é a forma mais rápida de transformá--las e curá-las."

6 (310)

Passo o dia de hoje sem medo e com amor.

* * *

"O Amor é a única chave para manifestar felicidade, saúde e Milagres. Escolher viver nesta sintonia garante uma vida de sucesso e realização."

Lembrete

Lembre-se de que estamos trabalhando com um pensamento central a cada dez lições e que esse pensamento deve ser usado para dar início aos momentos de descanso... A qualquer hora do dia, sintonize-se com o pensamento central correspondente àquele dia e espere que a Paz de Deus se manifeste.

Em vez de palavras, sinta o Amor de Deus.

No lugar de orações, invoque o Seu Sagrado Nome.

Em vez de julgar, aquiete-se e deixe todas as coisas serem curadas.

Aceite o modo como o Plano de Deus finaliza as coisas, assim como você aceitou a forma como Ele as iniciou. Faça isso e tudo se completará.

Tema central 10 – "O que é o julgamento final?"

A Segunda Vinda de Cristo dá ao Filho de Deus esta dádiva: ouvir a Voz de Deus proclamar que aquilo que é falso e o que é verdadeiro jamais mudou. E é esse o julgamento no qual a percepção chega ao fim. Em primeiro lugar, vemos um mundo que aceitou isso como verdadeiro, projetado a partir de uma mente agora corrigida.

O Julgamento Final do mundo não contém nenhuma condenação, pois vê o mundo totalmente perdoado, sem pecado e inteiramente sem propósito.

Quem acreditou que o Julgamento Final de Deus condenaria o mundo ao inferno, aceite esta verdade sagrada: o Julgamento de Deus é a dádiva da correção que Ele concedeu a todos os nossos erros, libertando-nos deles e de todos os efeitos que algum dia pareceram ter. Ter medo da graça salvadora de Deus não é senão ter medo da liberação completa do sofrimento, da volta à paz, à segurança, à felicidade e à união com a nossa própria Identidade.

O Julgamento Final de Deus é tão misericordioso quanto cada passo no plano que Ele designou para abençoar o Seu Filho e chamá-lo de volta à paz eterna.

Não tenhas medo do amor, pois só ele pode curar toda a tristeza, enxugar todas as lágrimas e despertar do sonho de dor o Filho que Deus reconhece como Seu.

Esse é o Julgamento Final de Deus: "Tu ainda és o Meu Filho sagrado, para sempre inocente, para sempre amoroso e para sempre amado, tão ilimitado quanto o teu Criador, completamente imutável e para sempre puro. Portanto, desperta e volta para Mim. Sou o teu Pai e tu és o Meu Filho".

7 (311)

Julgo todas as coisas como quero que sejam.

"A Perspectiva de cada realidade fundamenta-se nas crenças e cultura adquiridas no meio em que viveis. O ego tende a escolher interpretar fatos favorecendo interesses de cada um. Sintonizai a Mente Crística, lar do Espírito Santo, e tudo se encaixará de forma plena e perfeita."

8 (312)

Vejo todas as coisas como quero que sejam.

"Presos nas ilusões do ego, atraireis instabilidade e incertezas. Centrar a atenção no Poder de Deus e do Espírito Santo, que reside em vós, traz a clareza de novas realidades verdadeiras."

9 (313)

Que uma nova percepção venha a mim agora.

"Agir com determinação é a primeira chave para que melhores escolhas ocorram a cada instante. Perceber é enxergar com os olhos do coração e da Verdade e não mais aceitar as ilusões impostas pelo ego-personalidade."

10 (314)

Busco um futuro diferente do passado.

··················

"Olhar para a frente e seguir adiante é o lema dos querem vencer diariamente. O futuro é o reflexo das escolhas de vosso momento presente."

11 (315)

Todas as dádivas que os meus irmãos dão me pertencem.

··················

"Ser humilde e aprender a receber é a tônica deste momento de mudanças e novas escolhas. Abraçai a Felicidade Agora."

12 (316)

Todas as dádivas que dou aos meus irmãos são minhas.

··················

"Dar e receber são a mesma energia que vem de uma única fonte: Compartilhar. Abrir mentes sintonizando novas frequências fortalece o fluxo desta troca sublime de energia de amor incondicional entre todos os seres."

13 (317)

Sigo o caminho que me foi designado.

··················

"Resignar-se e aceitar o fluxo da Vida é a forma mais suave de caminhar com segurança."

14 (318)

Em mim, o meio e o fim da salvação são um só.

··················

"A mente consciente dividiu e separou energias. Tudo é Uno na Chama da Perfeição de Deus. Aceitai esta Verdade Agora."

15 (319)

Eu vim para a salvação do mundo.

....

"Assumir a postura e agir em sintonia com a Consciência Crística é a forma mais rápida de ancorar Plenitude e Realização, transmutando o ego e alcançando a Liberdade."

16 (320)

Meu Pai dá todo o poder a mim.

....

"Aceitar o Poder Crístico e Ilimitado inerente em cada ser é a chave para Manifestar Milagres."

Tema central 11 – "o que é a criação?"

A criação é a soma de todos os Pensamentos de Deus. Só o amor cria. Nunca houve um tempo em que o que Ele criou não existisse. Tampouco haverá um tempo em que algo que Ele tenha criado possa sofrer qualquer perda. Os Pensamentos de Deus são para todo o sempre exatamente como sempre foram e como são, imutáveis através do tempo e após o fim dos tempos.

Aos Pensamentos de Deus é dado todo o poder do seu próprio Criador, pois Ele quer acrescentar ao Amor pela sua extensão. Assim, o Filho de Deus compartilha da criação e, consequentemente, do poder de criar. O que a Vontade de Deus determina que seja para sempre uno ainda será uno quando o tempo tiver chegado ao fim e não será mudado ao longo do tempo, permanecendo como era antes que a ideia do tempo tivesse iniciado.

Nós somos a criação, nós, os Filhos de Deus. Parecemos ser separados e inconscientes da nossa eterna unidade com Ele. Entretanto, por trás de nossas dúvidas, depois de todos os nossos medos, ainda há a certeza, pois o Amor permanece com todos os Seus Pensamentos e a Sua segurança pertence a eles. A memória de Deus está em nossa Mente Sagrada, que conhece sua unicidade com o Criador.

Que a nossa função seja apenas a de deixar que essa memória volte, apenas para sermos restituídos à sanidade e para sermos como Deus nos criou.

17 (321)

Pai, a minha liberdade está unicamente em Ti.

....

"Entregar-se a Deus é reconhecer que a Liberdade começa na mente. Por meio de pensamentos livres, projetareis condições para criar uma nova vida a cada instante sagrado."

18 (322)

Só posso desistir do que nunca foi real.

....

"O que é Verdadeiro prevalece sempre e brilha no âmago da vida de cada ser."

19 (323)

Faço o "sacrifício" do medo de bom grado.

....

"Sacrifício é o ofício sagrado, o trabalho sagrado. Trabalhar e transmutar o medo é a chave para atrair Milagres."

20 (324)

Eu meramente sigo, pois não quero conduzir.

....

"Deixar-se fluir em sintonia com a Intuição aceitando a Perfeição de Deus é aceitar que o Plano Divino sempre conhece os melhores caminhos para a realização pessoal."

21 (325)

Todas as coisas que penso ser refletem ideias.

....

"Pensamentos se dividem em vários níveis de consciência e geralmente sintonizais os mais limitadores. É chegado o momento

de enxergar além dos limites e entender que pensamentos positivos constroem, e ideias positivas são as sementes dos novos Milagres."

22 (326)

Eu Sou para sempre um Efeito de Deus.

"Fostes Criados à Imagem e Semelhança da Perfeição de Deus. Assumir esta Verdade reflete a Totalidade da Presença EU SOU em ação em vossas vidas agora."

23 (327)

Só preciso chamar e Tu me responderás.

"Deus sempre escuta seus Filhos Amados quando o apelo é sincero."

24 (328)

Eu escolho o segundo lugar para ganhar o primeiro.

"Projetar-se sempre adiante dos outros é artimanha do ego. Entender que sempre existem outros seres com mais experiência eleva a consciência e possibilita a evolução mais rápida."

25 (329)

Eu já escolhi aquilo que é a Tua Vontade.

"Entregar-se ao Poder Supremo de Deus é a forma de agir com segurança."

26 (330)

Eu não me ferirei novamente hoje.

"Escolher não mais se entregar às artimanhas do ego é o caminho mais rápido para ser feliz."

Tema central 12 – "O que é o ego?"

O ego é idolatria. É o sinal de um ser separado e limitado, nascido em um corpo, destinado a sofrer e a terminar sua vida na morte. O ego é a "vontade" que vê a Vontade de Deus como inimiga e toma uma forma na qual ela é negada.

O ego é a "prova" de que a força é fraca e o amor, amedrontador; de que a vida é morte e de que o verdadeiro é tudo o que se opõe a Deus.

O ego é insano. Ele se estabelece no medo, além de Todos os Lugares, à parte de Tudo, separado do Infinito. Em sua insanidade, o ego pensa que veio a ser vitorioso sobre o próprio Deus. Ele sonha com o castigo e treme com as figuras de seu sonho, inimigos que abalam a sua segurança.

O Filho de Deus não tem ego.

Conhecer a realidade é não ver o ego e os seus pensamentos, seus trabalhos, seus atos, suas leis e suas crenças. O preço da fé no ego é tão imenso em sofrimento que a crucificação do Filho de Deus é diariamente oferecida no seu santuário escuro e o sangue tem que ser derramado diante do altar onde os seus seguidores doentios se preparam para morrer. No entanto, um só lírio do perdão transforma escuridão em luz e o altar das ilusões no santuário da própria vida. E a paz será para sempre restituída às mentes sagradas que Deus criou como Seu Filho, Sua morada, Sua alegria, Seu amor, completamente Seu, completamente um com Ele.

27 (331)

Não há conflito, pois a minha vontade é a Tua.

• • • • • • • • • • • • • • •

"Permitir que a Mente Crística assuma o comando da Vida é o caminho mais rápido para atrair Graças e Milagres."

28 (332)

O medo limita o mundo. O perdão o liberta.

• • • • • • • • • • • • • • •

"Perdoar é a grande alavanca que auxilia a evolução. Quando a mente se ocupa apenas com o momento presente, o passado não mais existe, assim, as memórias que trazem ressentimento tambem não existem. Perdoai o passado e sereis Eternamente Livres."

29 (333)

Aqui o perdão põe fim ao sonho de conflito.

....

"O perdão é o bálsamo da vida, a cura para todas as doenças e situações."

30 (334)

Hoje reivindico as dádivas que o perdão dá.

....

"Invocar e aceitar as recompensas que a vida oferece é reconhecer que só o Perdão ancora novas Bênçãos e Manifesta Graças."

DISSE O MESTRE JESUS:

"Agradecer a tudo e a todos é o melhor caminho para a concretização de vossos ideais. Fazei com que a abertura do coração propicie a entrada da Energia Divina, que estabelece a Sintonia entre o Reino de Deus e a Mãe Terra agora. Esta prática deve ser diária para que, na disciplina do amor incondicional e na abertura de vossas novas perspectivas, possais reencontrar a Chama da vossa Ressurreição na certeza do Caminho da Fé e da Maestria Individual".

Dezembro[13]

Considerações Iniciais

Finalizando este trabalho iniciado em 1º de janeiro, exercitaremos agora as lições 335 a 365 de *Um Curso em Milagres*.

Como explicado em capítulos anteriores, em agosto iniciamos a Parte II do Livro de Exercícios de *Um Curso em Milagres*, que nos coloca um tema central a cada dez dias. Então, as lições do dia 1º ao dia 6 de dezembro completam os dez dias do tema central "O que é o ego?", introduzido em 27 de novembro. E os últimos temas centrais de que trataremos serão introduzidos nos dias 7 e 17 de dezembro, sendo os dias 27, 28, 29, 30 e 31 dedicados às lições finais e ao encerramento dos exercícios.

Façamos, então, um primeiro contato com as lições, para que nas páginas seguintes, como de costume, tenhamos as orientações do Bem-Amado Mestre Saint Germain para cada uma delas.

Lições contidas no livro *Um Curso em Milagres*

1. (335) Escolho ver a impecabilidade do meu irmão.

2. (336) O perdão me permite saber que as mentes são unidas.

3. (337) A minha impecabilidade me protege de todo o mal.

4. (338) Só os meus pensamentos me afetam.

5. (339) Receberei o que quer que eu peça.

---

[13]. Os números entre parênteses referem-se à numeração das lições no livro *Um Curso em Milagres*.

6. (340) Eu posso ficar livre do sofrimento hoje.

7. (341) Só posso atacar a minha própria impecabilidade, e é apenas isso que me mantém a salvo.

8. (342) Deixo o perdão descansar sobre todas as coisas, pois assim o perdão me será dado.

9. (343) Não me é pedido que faça um sacrifício para achar a misericórdia e a paz de Deus.

10. (344) Hoje aprendo a lei do amor: o que dou ao meu irmão é a minha dádiva para mim.

11. (345) Hoje só ofereço milagres, pois quero que eles me sejam devolvidos.

12. (346) Hoje a paz de Deus me envolve, e esqueço todas as coisas exceto o Seu Amor.

13. (347) A raiva vem do julgamento. O julgamento é a arma que eu quero usar contra mim mesmo para afastar de mim o milagre.

14. (348) Não tenho razão para ter raiva ou medo, pois estás à minha volta. E, para cada necessidade que percebo, a Tua graça me basta.

15. (349) Hoje deixo que a visão de Cristo contemple todas as coisas por mim sem julgá-las, mas dando a cada uma um milagre de amor.

16. (350) Os milagres espelham o eterno Amor de Deus. Oferecê-los é lembrar-se Dele e, pela Sua memória, salvar o mundo.

17. (351) O meu irmão sem pecado é o meu guia para a paz. O meu irmão pecador é o meu guia para a dor. E contemplarei aquele que eu escolher ver.

18. (352) O julgamento e o amor são opostos. De um vêm todas as tristezas do mundo, mas do outro vem a paz do próprio Deus.

19. (353) Hoje os meus olhos, a minha língua, as minhas mãos e os meus pés têm um só propósito: serem dados a Cristo para que sejam usados para abençoar o mundo com milagres.

20. (354) Estamos juntos, Cristo e eu, na paz e na certeza do nosso propósito. E Nele está o Criador, como Ele está em mim.

21. (355) Não há fim para toda a paz e a alegria, e para todos os milagres que darei quando aceitar o Verbo de Deus. Por que não hoje?

22. (356) A doença é apenas outro nome para o pecado. A cura é apenas outro nome para Deus. O milagre é, portanto, um chamado a Ele.

23. (357) A verdade responde a todos os chamados que fazemos a Deus, respondendo primeiro com milagres, depois voltando a nós para ser ela mesma.

24. (358) Nenhum chamado a Deus pode deixar de ser ouvido ou respondido. E disso posso estar certo: Sua resposta é a única que eu realmente quero.

25. (359) A resposta de Deus é uma forma de PAZ. Toda dor é curada, toda miséria é substituída pela alegria. Todas as portas das prisões estão abertas. E todo pecado é compreendido meramente como um equívoco.

26. (360) Que a paz esteja comigo, o Filho sagrado de Deus. Que a paz esteja com meu irmão, que é um comigo. Que o mundo todo seja abençoado pela paz por meio de nós.

27. (361) Quero dar-Te este instante sagrado. Tu estás no controle. Pois eu quero seguir-Te, certo de que a Tua direção me dá paz.

28. (362) Idem.

29. (363) Idem.

30. (364) Idem.

31. (365) Idem.

Orientações do Mestre Saint Germain
para cada dia do mês de dezembro

1 (335)

Escolho ver a impecabilidade do meu irmão.

"O Pecado é projeção do ego; vendo apenas o sagrado no próximo, atraireis as bênçãos de Milagres que refletem o âmago de cada alma, pois todos os seres são Um Só Corpo de Luz em ação agora."

2 (336)

O perdão me permite saber que as mentes são unidas.

• • • • • • • • • • • • • • • • •

"Perdoar Liberta. A primeira liberdade inicia-se na mente. Quando sois livres para pensar, sois livres para manifestar. Projeções de pensamentos afins atraem os mesmos objetivos e os manifesta com clareza prístina, refletindo o Plano Perfeito de Deus em ação."

3 (337)

A minha impecabilidade me protege de todo o mal.

• • • • • • • • • • • • • • • • •

"Assumir que sois sagrados é a forma mais segura de exercer a totalidade da existência do Amor Incondicional em ação, que gera Graças e Milagres. O mal só existe na sintonia com o ego, erguer o véu e viver a plenitude da Graça do Espírito Santo é o caminho mais curto para encontrar a Luz e viver o Milagre eternamente."

4 (338)

Só os meus pensamentos me afetam.

• • • • • • • • • • • • • • • • •

"Pensamentos são sementes de novas realidades. Aceitar a totalidade dos pensamentos em sintonia com a Mente Crística atrai e manifesta Milagres."

5 (339)

Receberei o que quer que eu peça.

• • • • • • • • • • • • • • • • •

"Ter certeza do que quer e afirmar com segurança é o primeiro passo para atrair Milagres."

6 (340)

Eu posso ficar livre do sofrimento hoje.

∙ ∙ ∙ ∙ ∙ ∙ ∙ ∙ ∙ ∙ ∙ ∙ ∙ ∙ ∙ ∙ ∙

"Admitir que só a Mente Crística é capaz de gerar o Milagre é vibrar oitavas acima do inconsciente coletivo e atrair Luz e Milagres. O sofrimento é gerado pelo limite do ego que não enxerga a totalidade da vida."

Lembrete

Lembre-se de que estamos trabalhando com um pensamento central a cada dez lições e que esse pensamento deve ser usado para dar início aos momentos de descanso... A qualquer hora do dia, sintonize-se com o pensamento central correspondente àquele dia e espere que a Paz de Deus se manifeste.

Em vez de palavras, sinta o Amor de Deus.

No lugar de orações, invoque o Seu Sagrado Nome.

Em vez de julgar, aquiete-se e deixe todas as coisas serem curadas.

Aceite o modo como o Plano de Deus finaliza as coisas, assim como você aceitou a forma como Ele as iniciou. Faça isso e tudo se completará.

Tema central 13: "O que é um milagre?"

Um milagre é uma correção. Ele não cria nem muda nada; apenas olha para a devastação e lembra à mente que o que ela vê é falso. Desfaz o erro, mas não tenta ir além do perdão.

O milagre contém a dádiva da graça, pois é dado e recebido como um só. Ele inverte a percepção que antes estava de cabeça para baixo, e assim acaba com as distorções.

O milagre é inicialmente aceito com base na fé, porque pedi-lo significa que a nossa mente está preparada para conceber aquilo que não pode ver e que não compreende. Mas a fé trará as suas testemunhas para demonstrar que se baseou em algo que realmente existe. E, assim, o milagre justificará a nossa fé nele e demonstrará que se baseou em um mundo mais real do que aquele que víamos antes, um mundo redimido daquilo que pensávamos que existia.

Os milagres caem como gotas de chuva regeneradora sobre um mundo seco e poeirento. E em toda parte surgem sinais de vida para mostrar que o que nasceu nunca pode morrer, pois o que tem vida tem imortalidade.

7 (341)

Só posso atacar a minha própria impecabilidade, e é apenas isso que me mantém a salvo.

·················

"Entender que o real inimigo é a própria mente é o caminho mais curto para transmutar o ego e atingir a Maestria em Cocriar Milagres exercendo o Poder da Fé em Deus e em vós mesmos."

8 (342)

Deixo o perdão descansar sobre todas as coisas, pois assim o perdão me será dado.

·················

"Dar o primeiro passo em direção à Vida com o coração aberto e com Verdade garante a ancoragem de novas bênçãos em vossas Vidas agora."

9 (343)

Não me é pedido que faça um sacrifício para achar a misericórdia e a paz de Deus.

·················

"Sacrifício é o 'trabalho sagrado', 'o sacro ofício'; a privação é criação do ego que determina o limite em vossas vidas. Erguei o véu e aceitai novas Bênçãos de Amor, Compreensão e Paz agora."

10 (344)

Hoje aprendo a lei do amor: o que dou ao meu irmão é a minha dádiva para mim.

·················

"Cada atitude gerada é apenas a cópia do que ficou escrito em vossas mentes e corações, por isso a importância de tratar-vos bem, com amor e aceitação todos os dias, abençoando cada instante sagrado, onde reside o Milagre da Vida."

---

11 (345)

Hoje só ofereço milagres, pois quero que eles me sejam devolvidos.

••••••••••••••••

"Compreender como funcionam as Leis Universais é garantia de uma Vida plena de bem-aventurança e Milagres. Agir como gostaríeis que fizessem convosco traz a certeza do caminho da Vitória em vossas Vidas Agora. A Vida reflete o que projetais."

---

12 (346)

Hoje a paz de Deus me envolve, e esqueço todas as coisas exceto o Seu Amor.

••••••••••••••••

"Admitir e aceitar Viver em Paz abre todas as portas para viver em eterna sintonia e comunhão com o Poder Supremo de Deus, reconhecendo Seu Poder por meio do Amor Incondicional."

---

13 (347)

A raiva vem do julgamento. O julgamento é a arma que eu quero usar contra mim mesmo para afastar de mim o milagre.

••••••••••••••••

"A mente dividida é a artimanha criada pelo ego para afastar os Milagres. Reconhecer limites e superá-los é a certeza do caminho da Revelação do Milagre do Amor em vossas Vidas agora."

---

14 (348)

Não tenho razão para ter raiva ou medo, pois estás à minha volta. E, para cada necessidade que percebo, a Tua graça me basta.

••••••••••••••••

"Sintonizar-se no Poder de Deus todos os dias traz a segurança necessária para operar Milagres com Maestria e viver em Estado de Graça permanente."

15 (349)

Hoje deixo que a visão de Cristo contemple todas as coisas por mim sem julgá-las, mas dando a cada uma um milagre de amor.

"Viver em sintonia com a Consciência Crística é possibilitar a manifestação de uma Nova Frequência de Luz em vossas Vidas agora. O julgamento provém do ego que não mais exerce força e poder na vida dos que compreendem que, ao despertar, tendes a escolha diária de sintonizar o Poder Supremo de Deus pelas Graças do Espírito Santo, ou a sintonia limitadora do ego-personalidade. Tudo é questão de escolha Consciente."

16 (350)

Os milagres espelham o eterno Amor de Deus. Oferecê-los é lembrar-se Dele e, pela Sua memória, salvar o mundo.

"Manifestar Milagres é exercer e praticar o vocabulário de Deus todos os dias, por intermédio de melhores escolhas e novos ideais. O mundo é salvo a partir de cada decisão consciente em prover e escolher manifestar Milagres, em viver em sintonia com o Poder do Espírito Santo em vossas Vidas agora."

TEMA CENTRAL 14: "O QUE SOU EU?"

Eu Sou o Filho de Deus, completo, curado e íntegro, brilhando no reflexo do Seu Amor.

Em mim, a sua Criação é sagrada e a vida eterna é garantida.

Em mim, o amor vem a ser perfeito, o medo impossível, e a alegria é estabelecida sem opostos.

Eu Sou o lar do próprio Deus.

Eu Sou o Céu onde habita o Seu Amor.

Eu Sou a Sua Sagrada Impecabilidade, pois na minha pureza habita a Sua própria.

Agora, o uso das palavras está quase no fim.

Nos últimos dias deste ano que dedicamos a Deus, achamos um único propósito que compartilhamos. E assim nos unimos uns aos outros.

Somos os portadores da salvação. Aceitamos o nosso papel de salvadores do mundo que, por meio do nosso perdão conjunto, é redimido. Olhamos para todos como irmãos e percebemos todas as coisas como benignas e boas. Não buscamos uma função que esteja além das portas do Céu. O conhecimento retornará quando tivermos feito a nossa parte. Só nos preocupemos em dar boas-vindas à verdade.

São nossos os olhos pelos quais a visão de Cristo vê o mundo redimido de todo pensamento de pecado. São nossos os ouvidos que ouvem a Voz de Deus proclamar que o mundo é sem pecado. São nossas as mentes que se unem quando abençoamos o mundo. E, da Unicidade que alcançamos, chamamos todos os nossos irmãos pedindo-lhes que compartilhem a nossa paz e consumam a nossa alegria.

Somos os mensageiros sagrados de Deus que falam por Ele e, ao levar o Seu Verbo a todos aqueles que Ele nos envia, aprendemos o que está escrito em nossos corações. E assim mudamos a nossa mente quanto ao objetivo da nossa vinda, ao qual buscamos servir. Trazemos boas-novas ao Filho de Deus, que pensava sofrer. Agora ele é redimido.

17 (351)

O meu irmão sem pecado é o meu guia para a paz. O meu irmão pecador é o meu guia para a dor. E contemplarei aquele que eu escolher ver.

"Decidir viver em PAZ é o primeiro passo para seguir o exemplo dos que venceram este mundo de ilusões criadas pelo ego e centram-se apenas no poder da Verdade em sintonia com a Mente Crística, Lar do Espírito Santo neste novo ciclo de Luz que tudo Manifesta à Luz do Cristo."

18 (352)

O julgamento e o amor são opostos. De um vêm todas as tristezas do mundo, mas do outro vem a paz do próprio Deus.

"Erguer o véu e escolher caminhar na Luz do Poder de Deus-Pai- -Mãe, que gera oportunidades a cada instante, é centrar-se em um novo ciclo de Sabedoria e Bem-Aventurança, reencontrando o sentido

da Vida e vivendo em plenitude, exercitando o Amor Incondicional que reflete a Paz de Deus."

19 (353)

Hoje os meus olhos, a minha língua, as minhas mãos e os meus pés têm um só propósito: serem dados a Cristo para que sejam usados para abençoar o mundo com milagres.

"Cada corpo é o reflexo da Perfeição de Deus. Fostes criados à Sua imagem e semelhança para que pudésseis caminhar unidos à Perfeição do Amor que reflete a Luz da vossa essência em ação."

20 (354)

Estamos juntos, Cristo e eu, na paz e na certeza do nosso propósito. E Nele está o Criador, como Ele está em mim.

"Admitir que sois Unos com a Face do Novo Cristo que se revela em vossas novas realidades é aceitar o propósito da Alma que enxerga apenas o Supremo, o Ilimitado, o Abundante e Feliz. Atitudes Conscientes geram vidas mais prósperas e livres do limite das ilusões do ego. Caminhai confiantes na PAZ de Deus que reside em vossos corações agora."

21 (355)

Não há fim para toda a paz e a alegria, e para todos os milagres que darei quando aceitar o Verbo de Deus. Por que não hoje?

"A Atitude de aceitar e escolher viver o Milagre a cada alvorecer, por palavras, pensamentos e intenções, gera a certeza do caminho da Felicidade e da Unidade com o Espírito e da bem-aventurança dos Milagres em vossas Vidas agora. O eterno agora é o tempo mais precioso que possuís, pois nele reside o Milagre. Prestai atenção no Eterno Agora."

22 (356)

A doença é apenas outro nome para o pecado. A cura é apenas outro nome para Deus. O milagre é, portanto, um chamado a Ele.

"Viver em eterna comunhão com os Princípios da Criação de Deus gera Milagres e provê oportunidades de bem-aventurança em vossas Vidas agora. Exercer o livre-arbítrio aceitando Milagres como meios Naturais de expressar vossas energias é o caminho mais rápido para revelar a vossa Verdade e vivenciar a plenitude de vossa Alma que manifesta Milagres neste momento. Reconhecer o Poder de Deus é operar Milagres em vossas Vidas a cada instante sagrado de vossas evoluções."

23 (357)

A verdade responde a todos os chamados que fazemos a Deus, respondendo primeiro com milagres, depois voltando a nós para ser ela mesma.

"A Vida é o reflexo das energias lançadas por vossas mentes consciente, subconsciente e Crística. A essência de cada alma é a lição que viestes compartilhar neste mundo, o reflexo da Verdade em vossos corações. Viver em sintonia com a vossa Verdade propicia o crescimento necessário para operar Milagres e Viver em Equilíbrio."

24 (358)

Nenhum chamado a Deus pode deixar de ser ouvido ou respondido. E disso posso estar certo: a Sua resposta é a única que eu realmente quero.

"No Plano da Criação existe somente o Bem, o Belo, o Sagrado, o Perfeito. As outras energias ilusórias são criações do ego--personalidade, que não existem aos olhos de Deus, pois o ego foi criado pelo livre-arbítrio humano. Retornar à Fonte, em sintonia com o Poder Supremo de Deus, ancora a certeza do Caminho da Unidade e respeito mútuo que gera o despertar em massa de uma nova Consciência Crística em ação agora. A Consciência Crística é a voz de Deus em Ação em vossas Vidas no Eterno Agora."

25 (359)

A resposta de Deus é uma forma de PAZ.
Toda dor é curada, toda miséria é substituída pela alegria.
Todas as portas das prisões estão abertas.
E todo pecado é compreendido meramente como um equívoco.

• • • • • • • • • • • • • • • • •

"Aceitar viver em comunhão com Deus propicia o melhor caminho para ancorar as bênçãos de plenitude e bem-aventurança que geram Milagres. A PAZ de Deus é o aconchego constante que possibilita a certeza de que todos os caminhos estão abertos sempre, e que neles encontrareis o reflexo do vosso Poder Crístico em ação."

26 (360)

Que a paz esteja comigo, o Filho sagrado de Deus.
Que a paz esteja com meu irmão, que é um comigo.
Que o mundo todo seja abençoado pela paz por meio de nós.

• • • • • • • • • • • • • • • • •

"Escolher viver em Paz possibilita mudar o paradigma da vibração mental e atrai somente as energias de Confiança e Poder da Cocriação. Reconhecer que este é o melhor momento para a mudança real é o primeiro passo para viver a PAZ. Nenhum ser ou circunstância externa irão Manifestar a vossa PAZ e Milagres, mas a decisão em ancorar a chama da vossa bem-aventurança irá propiciar a sintonia de criar novas perspectivas e realidades centradas apenas nos Milagres a partir de Agora. Admitir e repetir que sois sagrados todos os dias eleva a vossa vibração e possibilita o despertar consciente que reflete a Paz Individual gerada e escolhida para ser vivenciada a cada instante de vossas evoluções."

Lições Finais — Introdução

As lições finais estão praticamente livres de palavras. Elas apenas são usadas para que nos lembremos de que temos de ir além delas. Entreguemos este ano de lições a Ele, assim como damos a Ele a nossa vida desde então, pois não queremos mais voltar a acreditar no pecado que fez com que o mundo nos parecesse feio e sem segurança, agressivo e destruidor, perigoso em todos os seus caminhos e traiçoeiro além da esperança da confiança de escapar da dor.

O caminho de Deus é o único para encontrar a paz que Ele nos deu. Sigamos juntos o caminho que a verdade nos aponta e sejamos guias para muitos de nossos irmãos que buscam esse caminho e não o encontram.

Dirijamos todos os nossos pensamentos para servir à função da salvação. A nós é dado o objetivo de perdoar o mundo; é a meta que Deus nos deu.

É nossa função lembrarmo-nos Dele na terra e nos é dado ser a Sua própria completeza na realidade. Assim, não nos esqueçamos de que a nossa meta é compartilhada, pois é essa lembrança que contém a memória de Deus e nos indica o caminho para Ele e para o Céu da Sua paz. Ele é o caminho, a verdade e a vida que nos mostra o caminho. Nele reside a salvação.

Não terminaremos este ano sem a dádiva que o nosso Pai prometeu ao Seu Filho sagrado. Estamos perdoados agora. Somos restituídos à sanidade em que compreendemos que a raiva é insana, que o ataque é louco e que a vingança é uma mera fantasia tola. Fomos salvos da ira porque aprendemos que estávamos equivocados. Apenas isso. Um pai jamais teria raiva de um filho só porque ele falhou em compreender a verdade. E assim, ao Lhe pedirmos ajuda para entender a verdade por meio da Voz do Seu próprio Professor, tenha certeza de que ele responderá: "Sois o Meu Filho e tudo o que tenho é vosso".

27 (361)

Quero dar-Te este instante sagrado. Tu estás no controle. Pois eu quero seguir-Te, certo de que a Tua direção me dá paz.

"O Mundo é reflexo de vossos pensamentos e escolhas. Escolhei viver a PAZ e a Graça Eterna que geram Milagres. O pecado é criação do ego que não existe no Plano da Perfeição de Deus."

28 (362)

Quero dar-Te este instante sagrado. Tu estás no controle. Pois eu quero seguir-Te, certo de que a Tua direção me dá paz.

"Mergulhados no silêncio em vossas mentes, encontrareis a PAZ de Deus. Admitireis que este é o melhor momento para iniciar uma nova vida, um novo destino, com melhores escolhas e diretrizes ancoradas no Poder da Alma, refletindo a chama do Espírito Santo em cada gesto e nova atitude consciente."

29 (363)

Quero dar-Te este instante sagrado. Tu estás no controle. Pois eu quero seguir-Te, certo de que a Tua direção me dá paz.

"Buscai a PAZ de Deus a cada instante. Reconhecei os Princípios Crísticos da Vida.
Abraçai novas oportunidades que geram novos caminhos e, embuídos na certeza de um novo despertar, aceitareis os desígnios de Deus, as Bênçãos de Luz que geram e propiciam Milagres a cada instante. Caminhar com Cristo é reconhecer que sois a Consciência Crística em ação e que vossas Vidas são reflexos do Amor de Deus que tudo abraça e manifesta."

30 (364)

Quero dar-Te este instante sagrado. Tu estás no controle. Pois eu quero seguir-Te, certo de que a Tua direção me dá paz.

• • • • • • • • • • • • • • • • •

"Perdão é o bálsamo que possibilita a abertura de caminhos e provê todas as manifestações ilimitadas em vossas Vidas agora. É a chave que possibilita aceitar as dádivas de Deus. É a chuva de Bênçãos que traz a glória de Deus na Terra agora, aceitando que não existem limites e que tudo o que pertence a Deus também pertence a todos os Seus filhos. Abri mentes e corações para receber as orientações da vossa intuição centrada no Poder da Vossa Alma a partir deste novo ciclo que se inicia, pleno de Milagres e Realizações."

31 (365)

Quero dar-Te este instante sagrado. Tu estás no controle. Pois eu quero seguir-Te, certo de que a Tua direção me dá paz.

• • • • • • • • • • • • • • • • •

"Entregar-se Conscientemente ao Poder Supremo da Criação é despertar oportunidades e reconhecer o Poder que o Livre--Arbítrio exerce em vós. Alinhar-se aos ensinamentos e preceitos do Bem-Amado Mestre Jesus, o Cristo, é caminhar com segurança, reconhecendo apenas dádivas e bênçãos a cada despertar. Espelhai--vos no exemplo Daquele que é reconhecido como 'Príncipe da PAZ' e vivenciai vossas novas realidades de forma plena e feliz, ancoradas no Poder do Amor Incondicional em exercício em vossas Vidas agora; assim, reconhecereis que fostes criados à Imagem e Semelhança da Perfeição de Deus que admite ser apenas PAZ e PLENITUDE em ação, testemunhando e operando Milagres a cada instante sagrado."

Epílogo

Este curso que ora encerramos é um começo e não um fim. O nosso Amigo nos acompanha, não estamos mais sozinhos. Ninguém que chame por Ele chamará em vão. Qualquer que seja o nosso problema, estejamos certos de que Ele tem a resposta e a dará com alegria se apenas nos voltarmos para Ele e a pedirmos. Ele não nos negará as respostas para o que quer que esteja nos perturbando, pois Ele conhece o caminho para resolver todos os problemas e todas as dúvidas. A certeza Dele é a nossa. Basta pedir e ela nos será dada.

Não há mais lições específicas, pois elas não mais são necessárias. A partir de agora, devemos ouvir apenas a Voz por Deus e pelo nosso Ser quando nos retiramos do mundo para buscar a realidade em seu lugar. Ele dirigirá nossos esforços, dizendo-nos exatamente o que fazer, como orientar a nossa mente e quando vir a Ele, em silêncio, pedindo a Sua orientação segura e Seu Verbo certo.

Estamos nas mãos de Deus para sermos Seus fiéis seguidores, tendo-O como Guia mediante cada dificuldade e toda dor que possamos pensar ser real. E Ele não nos dará prazeres passageiros, pois só nos dá o que é eterno e bom.

Deixemos que Ele continue nos preparando. Ele ganhou a nossa confiança falando-nos do nosso Pai, do nosso irmão, do nosso Ser. E Ele continuará. Agora caminhamos com Ele, tão certo quanto Ele do lugar para onde vamos, tão certo quanto Ele de como devemos proceder, tão confiantes quanto Ele acerca da meta e de que chegaremos ao fim com segurança.

Toda vez que tivermos de fazer uma escolha, nos será dito exatamente o que é a Vontade de Deus para nós. E assim caminharemos com Ele a partir de agora e buscaremos Nele a orientação, a paz e a direção certa. A alegria nos acompanha em nosso caminho, pois estamos nos dirigindo para casa, para uma porta que Deus manteve aberta para nos dar as boas-vindas.

Em paz, seguiremos o Seu caminho e Lhe confiaremos todas as coisas. Com confiança, esperamos pelas Suas respostas ao perguntarmos qual é a Sua Vontade em tudo o que fizermos. Ele ama o Filho de Deus como nós queremos amá-lo. Não caminhamos sozinhos; os Anjos de Deus pairam acima e à nossa volta. O Amor de Deus nos cerca, e podemos ter a certeza de que nunca ficaremos sem consolo.

DISSE O MESTRE JESUS:

"A passagem do Natal é a oportunidade de olhar e reconhecer a Verdade de vossa Alma, onde está o alicerce deste novo tempo de cocriações que fortalecem as novas crenças projetadas pelo inconsciente coletivo da humanidade.

Na sintonia da Luz de cada coração e com consciência, encontrareis o bálsamo da Vida que reflete a grandiosidade do espelho da Luz de Deus em ação a cada instante de vossas Vidas agora.

Feliz Renascimento a cada dia, aceitando a ressurreição do limite, da dor e do sofrimento e aceitando viver a plenitude da Consciência de Unidade da Vida, que é a continuidade da Criação do Poder de Deus-Pai-Mãe em ação".

MADRAS® Editora
CADASTRO/MALA DIRETA

Envie este cadastro preenchido e passará a receber informações dos nossos lançamentos, nas áreas que determinar.

Nome _____
RG _____ CPF _____
Endereço Residencial _____
Bairro _____ Cidade _____ Estado _____
CEP _____ Fone _____
E-mail _____
Sexo ❏ Fem. ❏ Masc.   Nascimento _____
Profissão _____ Escolaridade (Nível/Curso) _____

Você compra livros:
❏ livrarias   ❏ feiras   ❏ telefone   ❏ Sedex livro (reembolso postal mais rápido)
❏ outros: _____

Quais os tipos de literatura que você lê:
❏ Jurídicos   ❏ Pedagogia   ❏ Business   ❏ Romances/espíritas
❏ Esoterismo ❏ Psicologia ❏ Saúde   ❏ Espíritas/doutrinas
❏ Bruxaria   ❏ Autoajuda   ❏ Maçonaria ❏ Outros:

Qual a sua opinião a respeito desta obra? _____
_____

Indique amigos que gostariam de receber MALA DIRETA:
Nome _____
Endereço Residencial _____
Bairro _____ Cidade _____ CEP _____

Nome do livro adquirido: MEDITANDO COM AS LIÇÕES DO *CURSO EM MILAGRES*

Para receber catálogos, lista de preços e outras informações, escreva para:

MADRAS EDITORA LTDA.
Rua Paulo Gonçalves, 88 – Santana – 02403-020 – São Paulo/SP
Caixa Postal 12183 – CEP 02013-970 – SP
Tel.: (11) 2281-5555 – Fax.:(11) 2959-3090
www.madras.com.br

Este livro foi composto em Minion Pro, corpo 11,5/13.
Norbright 66,6g
Impressão e Acabamento
Expressão e Arte Gráfica e Editora — Rua Soldado Genésio Valentim, 30
— Vila Maria — São Paulo/SP
CEP 02176-050 — Tel.: (011) 3951-5188 — atendimento@expressaoearte.com